À plus! 4

Nouvelle édition

Carnet d'activités

Mit eingelegtem Förderheft

Deine **interaktiven Gratis-Übungen, Audios** und **Videos** findest du hier:

Dein Zugangscode auf go.cornelsen.de | **vnnew-x9hwq**

Cornelsen

À plus! 4 *Nouvelle édition*
Carnet d'activités

Im Auftrag des Verlages erarbeitet von
Catherine Jorißen und Catherine Mann-Grabowski

und der Redaktion Französisch
Julia Goltz (Projektleitung), Burcu Kiliç, Celeste Mercedes Roux (Assistenz), Bildassistenz: Nicole-Simone Abt, Tina Becker

Beratende Mitwirkung: Dr. Martina Sobel-Anosike

Umschlaggestaltung und Layoutkonzept: werkstatt für Gebrauchsgrafik, Berlin
Layout und technische Umsetzung: Rotraud Biem, Berlin
Illustrationen: Laurent Lalo
Umschlagfotos: © Glow Images: GRAPHEAST RM (links), © Shutterstock / Edyta Pawlowska (rechts)

Symbole und Verweise

CD 2 Hörübungen online	schriftliche Aufgabe	*Differenzierung:*
DVD Videos online	Partnerarbeit	leichtere Übung
Verweise auf das Lehrbuch	Diese Aufgabe löst du in einer Gruppe	anspruchsvollere Übung

www.cornelsen.de

Druck: ppm Fulda GmbH & Co. KG, Fulda

Schülerheft mit Audios online:	Schülerheft mit interaktiven Übungen und Audios online:	Lehrerfassung mit CD-Extra sowie Audios online:
1. Auflage, 10. Druck 2025	1. Auflage, 5. Druck 2024	1. Auflage, 5. Druck 2022
ISBN 978-3-06-520119-3	ISBN 978-3-06-121066-3	ISBN 978-3-06-520125-4

PEFC-zertifiziert
Dieses Produkt stammt aus nachhaltig bewirtschafteten Wäldern, Recycling und kontrollierten Quellen
PEFC/04-31-1308
www.pefc.de

Die folgenden aufgelisteten Angebote sind nicht obligatorisch abzuarbeiten.
Die Auswahl der Übungen richtet sich nach den Schwerpunkten des schulinternen Curriculums.
Grün gekennzeichnete Lektionsteile sind fakultativ.

Inhalt

Tu es en forme pour la rentrée? facultatif

1 Vous êtes deux amis d'Éloïse, la protagoniste de la Page blanche. Vous n'arrivez pas à lui parler depuis deux jours et vous savez qu'elle n'est pas allée à son travail. Vous vous posez des questions.

Partenaire A	Partenaire B
1. fragt sich, was Éloïse macht und wo sie ist.	2. sagt, dass er/sie schon fünf Mal angerufen hat, aber dass sie nicht geantwortet hat.
3. fragt sich, was ihr passiert sein könnte:  	4. glaubt das nicht und hat eine andere Theorie:  
5. verneint und sagt, dass man etwas unternehmen muss.	6. schlägt vor bei ihr zu Hause zu klingeln.
7. findet die Idee gut und schlägt vor, dass ihr zuerst bei ihr zu Hause klingelt. Wenn sie nicht da ist, wollt ihr die Polizei verständigen.	8. Ist einverstanden und fordert zum Losgehen auf.

CD 1

2 a Éloïse rentre chez elle et écoute son répondeur[1]. Quel message correspond à quel dessin? Écoute, puis coche la bonne case.

1 le répondeur der Anrufbeantworter

1

☐ 

☐ 

☐ 

2

☐ 

☐ 

☐ 

3

☐ 

☐ 

☐ 

CD 1

b Les phrases suivantes correspondent aux messages 1 à 3 de l'exercice 2a. Lis les phrases, puis écoute encore une fois. Quelles phrases sont correctes? Note les lettres rouges des phrases correctes. Quelle est la solution?

- **a** Éloïse doit téléphoner à Serge cet après-midi.
- **b** Éloïse doit rappeler Serge ce soir.

- **c** Éloïse va jouer une fois au beach-volley cette semaine.
- **d** Éloïse va jouer deux fois au beach-volley cette semaine.

- **e** Nathan et Éloïse sont sortis ensemble autrefois.
- **f** Nathan et Éloïse étaient dans la même école autrefois.

____

3

Éloïse reçoit une lettre où il y a des informations sur sa vie d'avant. Aide Éloïse à retrouver qui elle est. Note toutes les informations que tu trouves dans la fiche d'identité en bas.

Chère Éloïse,

Excuse-moi de n'avoir pas donné de nouvelles pendant si longtemps. Quand j'ai arrêté de travailler avec toi à la crêperie, je suis partie faire un long voyage dans le sud … Et puis Montpellier m'a plu et je m'y suis installée. J'ai commencé des études d'anglais. Et toi, qu'est-ce que tu as fait après notre job d'été? Tu travailles toujours à la librairie Grambert? Et est-ce que tu es toujours accro aux romans policiers? Tu en lisais presque un par jour! Est-ce que tu joues toujours au beach-volley? Et le garçon aux cheveux rouges qui te plaisait? Est-ce que tu es sortie avec lui ou est-ce que tu es restée aussi timide qu'à l'époque où il venait manger à la crêperie chaque vendredi? ☺

Bon, tu vois, j'ai plein de questions et super envie de recevoir de tes nouvelles.
Allez, je t'embrasse, à bientôt j'espère, Anne-Sophie

PS: Passe le bonjour à ton grand frère, j'espère qu'il se souvient de moi!

Nom:	Éloïse Pinson
Famille:	
Amitié:	
Amour:	
Caractère:	
Travail:	
Hobby:	

4

Dans une boîte, Éloïse retrouve deux photos et tout à coup, elle se souvient … Choisis une photo et écris au moins 80 mots dans ton cahier.
(▶Méthodes, p. 130/29)

Ah oui, je me souviens, c'était…

© Fotolia / pixarno

© Shutterstock / Boris Stroujko

Tu es en forme pour l'unité 1? facultatif

Vorbereitung auf:

Volet 1 Jemanden vorstellen

1 Le week-end dernier, tu as rencontré une personne intéressante. Dans un mail à ton/ta corres, tu expliques pourquoi tu la trouves super. Écris dans ton cahier.

c'est quelqu'un qui/que ___

c'est une personne + *adj.*

lutter pour/contre qc

être courageux/-euse, formidable, fort/e, intelligent/e, gentil/le, original/e, ___

s'intéresser à

avoir de l'humour / des idées / ___

savoir (faire) qc ___

1

© Fotolia / lassedesignen

2

© Fotolia / Tomfry

3
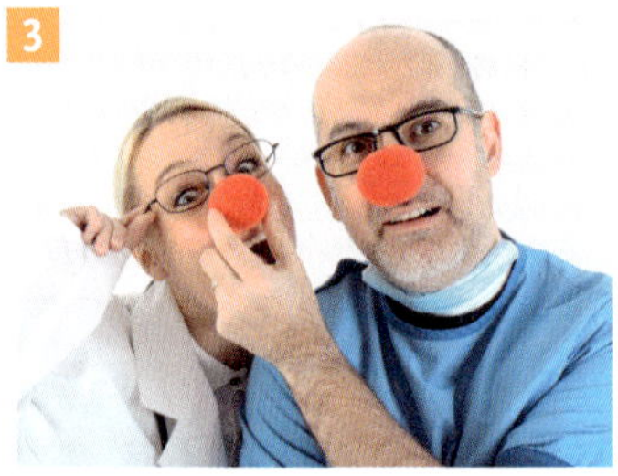
© Fotolia / Dan Race

4

© Fotolia / Laiotz

Volet 1 *Conditionnel présent*

2 Meriem raconte à sa copine le mauvais rêve qu'elle a fait. Mets les verbes qui sont au présent à l'imparfait. Écris le texte dans ton cahier. (▶ Pense-bête, p. 232)

On est en hiver. Il fait froid. Mais je porte une robe d'été. J'attends le bus qui ne passe pas. J'arrive très en retard au collège. Les élèves rient et se moquent de moi. Toi et Léane, vous leur dites d'arrêter, mais ils continuent. Le prof m'envoie chez le CPE. Tu m'accompagnes. Nous nous retrouvons dans un long couloir …

Bip! Bip! Biiip!

Volet 1 *Conditionnel présent*

3 **a** Emma et ses copains s'imaginent dans dix ans. Complète et mets les verbes au futur simple.

aller avoir être faire falloir partir pouvoir venir voir vouloir

1. Moi, j'_______________ en Chine ou en Inde!
2. Mais il _______________ que je travaille pour me payer le voyage.
3. On _______________ avec toi!
4. Mais est-ce que nos parents _______________? On _______________ bien …
5. J'espère que Gustave _______________ enfin faire ce qui lui plaît.
6. Je suis sûre que Léonie et Iris _______________ déjà des enfants.

7. Ali ________________ sûrement musicien.

8. Et vous, vous ________________ quoi? Vous avez une idée?

9. Moi, je ne sais pas, mais Lara ________________ au Québec pour protéger les baleines!

CD 2 **b** **Écoute et compare. Corrige si nécessaire.** (▶ Verbes, p. 138–143)

Volet 2 irrealer Bedingungssatz

4 a **Enzo est chez sa grand-mère. Retrouve ce qu'elle lui dit. Utilise la condition réelle. Trouve la phrase conditionelle où va la conjonction *si* et souligne-la.** (▶ Pense-bête, p. 232)

La condition réelle (der reale Bedingungssatz)
***si*-Satz = *présent*:** Si (tu veux,) ___.
Hauptsatz = *futur simple* oder *présent*: (On ira / peut aller au cinéma) si ___.

1. Si tu / passes en troisième – _____ je / t'*offrir* un nouveau jean
2. _____ tu / *réussir* à l'école – _____ tu / *travailler* bien
3. _____ tu / bien *apprendre* tes leçons – _____ tu / *avoir* des bonnes notes
4. _____ je / *pouvoir* t'aider – _____ tu / *vouloir*
5. _____ tu / *être* d'accord – _____ je / te *donner* des cours de maths
6. _____ on / *aller* ensemble en Allemagne – _____ tes parents / *être* d'accord.

b **Maintenant, écris les phrases dans ton cahier.**

Volet 3 *Conditionnel présent*

5 **Comment dit-on cela? Relie et complète les phrases françaises.**

il faudrait ce serait je voudrais tu devrais on pourrait

Ich möchte dir helfen.	1	a	________________ sympa d'être à l'heure.
Du solltest mit deinen Eltern reden.	2	b	________________ partir.
Wir sollten aufbrechen.	3	c	________________ apprendre ensemble.
Wir könnten gemeinsam lernen.	4	d	________________ t'aider.
Es wäre nett, wenn du pünktlich wärest.	5	e	________________ parler à tes parents.

CD 3 Volet 3 Fragen mit und ohne Pronomen

6 **Mario doit écrire un article sur un métier[1] qui l'intéresse. Il interviewe une interprète[2]. Écoute les réponses et note les questions de Mario dans ton cahier.**

combien comment est-ce que où est-ce que pourquoi qu'est-ce qui

© Fotolia / ctvvelve

1 le métier der Beruf **2 un/e interprète** ein/e Dolmetscher/in **3 le Palais des congrès** das Kongresszentrum

Unité **1** # Demain n'est pas loin

VOLET 1

Lire, écouter et comprendre

1 a Coche la bonne phrase. (▶Texte, p. 20)

1. Lili voudrait devenir dessinatrice
   - ☐ parce que c'est un métier où il faut avoir de l'humour.
   - ☐ parce qu'elle pense qu'elle aura du succès.
   - ☐ parce qu'elle adore dessiner.
2. Lucie voudrait ressembler à Leïla Bekhti, surtout
   - ☐ parce que c'est quelqu'un de courageux et de modeste.
   - ☐ parce que c'est une actrice célèbre.
   - ☐ parce qu'elle est partie de rien.
3. Sami voudrait faire comme son voisin
   - ☐ parce qu'il voudrait aller là où il y a des conflits.
   - ☐ parce que lui aussi, il voudrait aider les gens.
   - ☐ parce qu'il veut rester en France.
4. Félix voudrait devenir reporter
   - ☐ parce qu'il veut faire comme ses parents.
   - ☐ parce que c'est un métier où on voyage beaucoup.
   - ☐ parce qu'il a déjà travaillé comme reporter pour le journal de son collège.

b Termine la phrase. (▶Texte, p. 20)

Matéo ferait un très bon conseiller d'orientation parce qu'il ______________________________

____

Vocabulaire et expression

2 a Fais un tableau dans ton cahier. Relis le texte, p. 20, et classe les phrases qui vont dans les rubriques suivantes. Cet exercice te servira pour la tâche B. (▶Texte, p. 20, Qu'est-ce qu'on dit?, p. 32)

Dire ce qu'on aimerait faire plus tard
Parler de ses points forts et de ses intérêts
Donner un conseil à quelqu'un
Encourager quelqu'un

b Lis ce que ces jeunes disent et encourage-les / donne-leur des conseils. Utilise les phrases de a.

1 Je voudrais devenir actrice mais mes parents sont contre. **Marie**

2 J'aime aider les gens, mais je ne sais pas ce que je voudrais faire plus tard. **Robin**

Grammaire

3 a Louis a eu une mauvaise note et n'ose pas rentrer chez lui. Ses copains lui donnent des conseils. Complète le dialogue par des formes au conditionnel. (▶Repères, p. 33/2)

avoir aller croire devoir dire essayer être faire falloir montrer pouvoir ranger

Max: Moi, à ta place, je n'______________________ pas peur, je le ______________________ à mes parents.

Lisa: Moi, je ____________ ma chambre, je ____________ mes devoirs, j'____________ faire les courses et après seulement, je leur ____________ ma note.

Max: Oui, moi aussi, je ____________ tout gentil et tout calme.

Lisa: Et puis, tu ____________ peut-être leur promettre de faire plus d'efforts la prochaine fois.

Louis: Ils ne me ____________ pas.

Lisa: J'____________ quand même à ta place.

Max: Oui, tu ____________ essayer!

Lisa: Il ____________ que tes parents puissent te faire confiance.

b **À toi! Donne encore au moins trois conseils à Louis comme en a.**

4 a **Lucas voudrait devenir musicien. Il vient de donner son premier concert qui n'a pas trop bien marché. Complète ce qu'il a écrit dans son blog par** ***personne ne*** **ou** ***rien ne*****.** (▶ **Repères, p. 32/1**)

© Shutterstock/tcsaba

Les gens n'ont pas aimé ma musique. ____________ leur a plu. ____________ a applaudi. ____________ a voulu que je joue un dernier morceau. Et puis ____________ s'est passé comme je voulais. À la fin, ____________ écoutait ce que je jouais. Mais ____________ est perdu, il faut seulement que je travaille plus pour mon prochain concert.

b **Il faut encourager Lucas! Donne-lui des conseils. Utilise ton tableau de l'exercice 2. Écris dans ton cahier.**

5 **Quelqu'un a volé de l'argent chez Madame Petit. Elle répond aux questions du commissaire. Écris ses réponses dans ton cahier. Utilise** ***personne ne, rien ne, ne … personne*** **ou** ***ne … rien*****.** (▶ **Repères, p. 32/1**)

1. Est-ce que vous avez vu quelqu'un?
2. Est-ce que vous avez remarqué quelque chose ces derniers jours?
3. Est-ce que quelqu'un est entré par la fenêtre?
4. Est-ce que quelque chose a disparu?
5. Est-ce que vous avez entendu du bruit?
6. Est-ce que quelqu'un a la clé de votre appartement?
7. Est-ce qu'on vous a téléphoné hier soir?
8. Est-ce que quelque chose a changé de place dans votre chambre?
9. Est-ce que quelqu'un savait qu'il y avait de l'argent chez vous?

Interaktive Übungen zu dieser Unité findest du auf www.scook.de gratis. Den Code findest du auf der Seite 1.

CD 4

6 **a** **Pour qui ou pour quoi est-ce que tu te bats? Complète le poème par des formes du verbe *se battre*. Une forme est à l'imparfait. Écoute ensuite le poème et compare avec ta solution.** (▶Verbes, p.140, p.143)

Tout le monde se bat pour être heureux

On __________ tous pour quelque chose:
Lilian __________ pour être avec Rose,
Lou __________ pour sortir avec Mathieu,
Ils __________ pour elles et elles pour eux,
Toi, tu __________ pour réussir ta vie,
Vous __________ pour avoir plus d'amis
Avant, je __________ avec mes sœurs
Pour des bonbons ou pour l'ordinateur
Maintenant, je __________ pour mes idées,
Mes sœurs __________ pour la liberté!
Vive les amis! Vive la vie!
Vive les idées! Vive la liberté!

b **Forme aux temps que tu connais des phrases avec ces éléments. Écris dans ton cahier.**

se battre	contre l'exclusion pour (avoir un bon travail) pour (une fille / un garçon) (pour n'importe quoi)

battre	l'équipe (française) le blanc d'œuf en neige le record du monde (de judo, de natation, ___) le rythme avec les mains

Écouter et comprendre

CD 5

7 **Marion a participé à l'émission «On est tous fan de quelqu'un». Écoute ce qu'elle raconte, puis coche les bonnes phrases.**

1. ☐ Marion admire son grand-père parce qu'il est vétérinaire.
2. ☐ C'est un homme qui sait beaucoup de choses, mais il ne le dit pas.
3. ☐ Il aime son métier parce qu'on gagne beaucoup d'argent.
4. ☐ Il est fort et courageux.
5. ☐ C'est quelqu'un qui s'engage beaucoup dans son travail.
6. ☐ Il connaît bien les animaux et il n'a pas peur d'eux.
7. ☐ Il va bientôt s'arrêter de travailler parce qu'il est trop vieux.

Médiation

8 **Ton/Ta corres aime le rap. Il/Elle a lu ce blog sur le chanteur Cro. Il/Elle veut savoir qui c'est, quel style de musique il fait et pourquoi il porte un masque. Réponds-lui et écris un mail.** (▶Méthodes, p.133/33–34)

Cro – ein Pseudonym für seinen bürgerlichen Namen Carlo Waibel – ist einer der angesagtesten deutschsprachigen Rapper. Er interessierte sich schon früh für Musik: Bereits mit zehn Jahren begann er Musik aufzunehmen. Außerdem lernte er Klavier und Gitarre spielen. 2009 nahm er sein erstes Mixtape *Trash* auf und stellt es über das Internet gratis zur Verfügung. Nach der Veröffentlichung seines zweiten Mixtapes *Meine Musik* (2011) wurde eine Produktionsfirma auf ihn aufmerksam. Seine Musik nennt er *Raop*, das für Rap und Pop steht.
2011 unterschrieb er einen Vertrag bei *Chimperator Productions*. Ende 2011 erschien dort sein Mixtape *Easy* als Gratis-Download. Kurz darauf brach der Server der Produktionsfirma zusammen. Das im Internet veröffentlichte Video zum Lied *Easy* erreichte nach nur wenigen Tagen die Millionenmarke. 2012 erschien sein Debütalbum *Raop*, von dem mehr als 1,5 Millionen Exemplare verkauft wurden. Sein zweites Album *Melodie* (2014) stieg auf Platz 1 der deutschen Albumcharts ein und blieb acht Wochen in den Top Ten. Auch in Österreich und der Schweiz belegte das Album einen Spitzenplatz. Sein unverkennbares Markenzeichen ist die Pandamaske. Er trägt sie, weil er in seinem Privatleben unerkannt bleiben und nicht als Star behandelt werden möchte.

VOLET 2

Lire et comprendre

1 a Thierry (le garçon de gauche) est avec son copain. Regarde et lis d'abord les deux premières vignettes. Puis décris-les et expose la situation dans ton cahier. (▶ Méthodes, p. 128/24)

b Lis maintenant la bédé en entier. Explique le malentendu[1] qu'il y a entre Thierry et son copain et comment Thierry réagit.

[1] **le malentendu** das Missverständnis **l'adulte** *m./f.* der/die Erwachsene

c Trouve un titre à cette planche de bédé.

____

____

____

____

____

Vocabulaire et expression

2 Qu'est-ce qu'on dit? Coche la bonne réponse. (▶ Liste des mots, p. 150–151)

1. Quand on rate un examen,
   - ☐ on peut le passer plus tard.
   - ☐ on peut le repasser plus tard.
2. Il a arrêté ses études pour
   - ☐ monter sa propre entreprise.
   - ☐ poser sa propre entreprise.
3. Quand on s'intéresse à un travail,
   - ☐ on pose sa candidature.
   - ☐ on écrit sa candidature.
4. Elle aime décider de ce qu'elle fait. Elle n'aime pas
   - ☐ qu'on lui donne des décisions.
   - ☐ qu'on lui donne des ordres.
5. Elle aime
   - ☐ rencontrer des décisions.
   - ☐ prendre des décisions.
6. Il est flexible et
   - ☐ il est prêt à travailler dans différents endroits.
   - ☐ il est prêt pour travailler dans différents endroits. ▶▶▶

7. Quand quelque chose ne m'intéresse pas,
- [ ] ça ne me dit pas du tout.
- [ ] ça ne me dit rien du tout.

8. Quand on peut compter sur quelqu'un,
- [ ] on peut lui mentir.
- [ ] on peut lui faire confiance.

9. Quand on peut décider librement,
- [ ] on est son propre chef.
- [ ] on est un chef.

10. On dit d'un travail qu'il est enrichissant quand il permet
- [ ] d'avoir un bon salaire.
- [ ] d'apprendre des choses intéressantes.

Grammaire

3 a On peut toujours rêver. Complète les phrases par l'imparfait et le conditionnel présent.
(▶ Repères, p. 33/3)

1. Qu'est-ce que tu ___ferais___ si tu ___avais___ un an de vacances? *(faire / avoir)*
2. Je ______________ te voir plus souvent si je n'______________ pas si loin! *(venir / habiter)*
3. Si vous ______________ 1 million d'euros, qu'est-ce que vous ______________? *(gagner / faire)*
4. Si on ______________ faire un grand voyage, on ______________ au Québec. *(pouvoir / aller)*
5. On ______________ bien en vacances avec vous si nos parents ______________ d'accord. *(partir / être)*

6. Si vous ______________ des pouvoirs surnaturels, vous ______________ faire quoi? *(avoir / vouloir)*

b Et toi, qu'est-ce que tu ferais si tu avais un an de vacances, 1 million d'euros et des pouvoirs surnaturels? Commence par *si* + imparfait.

____

____

____

____

4 Regarde les dessins, puis imagine ce que peuvent penser ces jeunes. Écris des phrases avec *si* dans ton cahier. (▶ Repères, p. 33/3)

Interaktive Übungen zu dieser Unité findest du auf www.scook.de gratis. Den Code findest du auf der Seite 1.

5 a Lis la bédé et reformule l'idée d'Elza.

le cerveau das Gehirn
la poitrine die Brust
le cœur das Herz
le crâne der Schädel *hier:* der Kopf

b L'idéal, ce serait quoi pour toi?

à l'école   en amour   à la maison   en voiture   en vacances   ___

Si on avait quatre jours de cours par semaine, ce serait l'idéal parce que j'aurais plus de temps libre.

Médiation

6 a Ton voisin s'intéresse à l'art. Il a lu cet article et veut savoir ce qu'Audrey dit des qualités qu'il faut avoir. Il veut connaître aussi les avantages et les inconvénients de ce métier. Lis le texte, puis fais une liste dans ton cahier. (▶Méthodes, p. 133/33)

Audrey, restauratrice de tableaux, nous parle de son métier.

J'aimerais restaurer des tableaux. Jean, 14 ans

Je passe 90 % de mon temps à nettoyer et à gratter! Pour moi, le restaurateur n'est pas un artiste. Je ne suis pas créative. Un jour, j'ai rencontré un restaurateur de tableaux et j'ai compris que c'était un métier pour moi. La technique, la peinture, c'est mon truc. Ce métier demande beaucoup de concentration et de précision.

L'avantage de ce métier, c'est qu'on est très indépendant et qu'on peut travailler partout dans le monde. C'est pourquoi c'est important de parler plusieurs langues. Ce que je trouve sympa aussi, c'est que quand on restaure des peintures murales, on ne travaille pas seul mais en équipe. C'est bien parce qu'on rencontre un tas de gens qui partagent la même passion. Bien sûr, il faut aimer les

© Fotolia / Digitalpress

© action press / REX FEATURES

ambiances de groupe et accepter d'être parfois loin de chez soi pendant plusieurs semaines …

J'aime mon métier car on participe à la mémoire de l'Histoire. Par contre les études sont longues. J'ai fait quatre ans d'Arts plastiques à l'université, puis j'ai suivi des cours à l'École d'art d'Avignon pendant cinq ans. Et après mon examen, j'ai dû faire beaucoup de stages avant de trouver un travail.

Qualités qu'il faut avoir	Avantages du métier	Inconvénients du métier

b Maintenant, à l'aide de ta liste de a, informe ton voisin en allemand dans un mail. Écris dans ton cahier. (▶Méthodes, p. 133/33)

VOLET 3

Lire et comprendre

1 a Vrai ou faux ? Relis le texte dans ton livre et coche la bonne case. (▶Texte, p. 26)

	vrai	faux
1. Nicolas est en 3e et cette année, il doit faire un stage en entreprise.	☐	☐
2. Il apprend l'anglais et l'allemand au collège.	☐	☐
3. Il fait une demande de stage dans un restaurant de Montpellier.	☐	☐
4. Il n'a jamais fait de stage.	☐	☐
5. Il voudrait travailler dans un restaurant pour apprendre à faire la cuisine.	☐	☐
6. Il est créatif et il aime décorer les tables.	☐	☐
7. Il aime le contact avec les gens.	☐	☐

b Justifie tes réponses de a à l'aide du texte. Indique aussi la ligne. Écris dans ton cahier.

Vocabulaire et expression

2 a Fatima voudrait faire un stage dans une crêperie. Complète le texte par les expressions suivantes. Utilise les temps qui conviennent.

à l'appareil *(2x)* *demander* à parler à qn
être intéressé/e par qc ne pas *quitter*
ne pas *recevoir* de réponse *poser* sa candidature *pouvoir* passer
s'intéresser particulièrement à qc

Fatima ______________________ pour faire un stage dans une crêperie, mais elle ______________________. Elle téléphone à la crêperie et ______________________ la patronne.

– «Crêperie Armor» bonjour!

– Bonjour Monsieur, Fatima Dieng ______________________. Je voudrais parler à Madame Leclerc, s'il vous plaît.

– ______________________, je vous la passe …

– Allô?

– Bonjour Madame, Fatima Dieng ______________________. Je voudrais savoir si vous avez bien reçu ma candidature.

– Absolument! ______________________ un travail dans notre crêperie, c'est cela?

– Oui, ______________________ au service en salle parce que j'aime servir les gens et donner des conseils.

– ______________________ à la crêperie pour en discuter? … Mercredi prochain à 14 heures?

– Mercredi, le 22 septembre? Oui, je pourrais venir.

– Alors, à mercredi, le 22 septembre à 14 h! Au revoir!

– Merci! Au revoir Madame!

CD 6 **b Écoute le dialogue et compare avec ce que tu as écrit en a. Corrige si nécessaire.**

3 **La politesse, c'est ça qui compte! Reformule ces phrases du patron. Utilise le conditionnel présent.**
(▶ Repères, p. 33/2, Qu'est-ce qu'on dit?, p. 32)

1. Passez dans mon bureau à 16 heures.
2. Je veux parler à Monsieur Agostino.
3. Il faut que vous serviez les clients de la table no 2.
4. Mettez le couvert!
5. Je ne veux pas que les clients attendent.
6. Aidez Aurélie!
7. On veut organiser un buffet pour un mariage.
8. Soyez ici à 18 heures.

____

____

____

____

____

____

____

____

Parler

4 **Tu es avec ton corres. Pendant les prochaines vacances, chacun/e de vous va avoir un petit job. Répartissez les rôles et parlez-en.**

Vos questions
- Quoi? Où? Pendant combien de temps?
- Avec qui?
- Pourquoi ce job?
- Le salaire?
- La durée du travail?
- Les jours libres?
- Ton expérience?

A
- *travailler* dans un restaurant
- novembre: 2 semaines
- travail en équipe
- *s'acheter* un smartphone
- 5 € de l'heure
- 5 heures/jour
- 6 jours/semaine
- ne pas *avoir* d'expérience, *faire* cela pour la première fois

© Shutterstock / Dmitry Kalinovsky

B
- *garder* deux enfants de 6 et 4 ans près de chez toi
- octobre / 1 semaine
- les parents travaillent
- *faire* un voyage
- 4 € de l'heure
- 3 heures/jour
- 4 jours
- *garder* mon petit frère / ma petite sœur de temps en temps

© Fotolia / Dan Race

Écouter et comprendre

CD 7

5 a Lucien voudrait parler à un employeur, mais ça ne marche pas comme il veut. Lis les phrases suivantes, puis écoute les cinq textes. Note le bon numéro pour chaque phrase correspondante. Attention, il y a une situation de trop.

- ☐ Lucien ne peut pas parler à l'employeur qui est en train de téléphoner.
- ☐ Lucien ne parle pas à l'employeur parce qu'il n'a pas fait le bon numéro.
- ☐ Monsieur Verdier n'est pas là. On lui passera le message.
- ☐ L'appel ne peut pas arriver parce qu'il n'y a pas de téléphone à ce numéro.
- ☐ Monsieur Verdier n'est pas là. On demande à Lucien de laisser un message.
- ☐ Le magasin de M. Verdier est fermé. On demande de rappeler plus tard.

b Écoute encore une fois, puis complète les phrases.

1. Monsieur Verdier est patron d'un ______________________.
2. Le magasin est ouvert ______________________.
3. Lucien voudrait faire ______________________.
4. Le numéro de portable de Lucien, c'est le ______________________.

Apprendre à apprendre

6 Lis la lettre de motivation de Nicolas. Puis, surligne les mots et expressions utiles.
(▶ Méthodes, p. 130–131/29)

Nicolas Tabel
18, rue du Commerce
75015 Paris
nicotabel@nomail.fr

Restaurant La table de Léo
23, rue Mademoiselle
75015 Paris

Paris, le 1er septembre 2015

Objet: Demande de stage en entreprise en classe de 3e du 15 au 20 février 2016

Madame, Monsieur,

Je suis en classe de troisième au collège Mozart à Paris. Cette année, je dois faire un stage en entreprise pendant une semaine.

Je suis très intéressé par toutes les tâches dans un restaurant. Je sais faire la cuisine. Ma spécialité, ce sont les desserts. Je suis créatif et j'aime inventer des recettes. De plus, je suis très doué pour décorer les tables et mettre le couvert. Et quand il y a une fête de famille, c'est moi qui sers tout le monde parce que j'aime m'occuper des gens.

Je m'intéresse particulièrement au service en salle depuis le jour où mon oncle, qui a un restaurant à Montpellier, m'a demandé de l'aider. J'ai beaucoup aimé et j'ai pu utiliser mes connaissances d'allemand et d'anglais pour servir les touristes. Faire un stage dans votre restaurant me permettrait de mieux connaître le métier de serveur et le travail en équipe.

Je serais très heureux de pouvoir faire mon stage dans votre restaurant.

Dans l'attente de votre réponse, je vous prie de recevoir, Madame, Monsieur, mes salutations respectueuses.

Nicolas Tabel

Pièce jointe: CV

Écrire

7 a Bastien Riche voudrait faire son stage de troisième dans un hôtel, mais son CV est incomplet. Lis le CV et complète-le. **(▶ Texte, p. 27)**

Bastien Riche
2, avenue Jean-Jaurès
75019 Paris
01 65 55 22 43
bastien.riche@nomail.fr

__________________ 23 juillet 2000 à Nice

__________________ Depuis 2012 Collège Mozart à Paris

__________________ Anglais (niveau B1)
Allemand (niveau A2)

____

2014 Stage de 4e au Monoprix de l'avenue Jean-Jaurès à Paris

____

Word, Powerpoint

____

Musique (guitare, percussions)

b Mets-toi à la place de Bastien et écris une lettre de motivation dans ton cahier. Utilise les expressions de l'exercice 6 et les informations de son CV. **(▶ Méthodes, p. 130–131/29)**

Hôtel Pradier
5, rue Pradier | 75019 Paris

Regarder et comprendre

DVD 8 Dans cette vidéo, Cyprien parle de son expérience de l'entretien d'embauche et donne des conseils. Regarde la vidéo, puis coche les trois bonnes réponses. Tu trouveras la vidéo sur www.cornelsen.de/webcodes APLUS-4-CARNET-17.

1. ☐ Chercher un travail, ça veut dire qu'il faut aller à plusieurs entretiens d'embauche et attendre longtemps avant de trouver un emploi.
2. ☐ Pour aller à un entretien d'embauche, on peut s'habiller comme on veut, ce n'est pas important.
3. ☐ Pendant l'entretien d'embauche, il ne faut pas se présenter parce qu'on a déjà écrit une lettre de motivation et présenté son CV.
4. ☐ Il faut bien présenter son CV, mais il ne faut pas exagérer.
5. ☐ L'employeur s'intéresse assez peu au profil des candidats sur Facebook.
6. ☐ Quand on a passé un entretien avec sa Webcam, il ne faut pas oublier de l'arrêter après l'entretien parce que l'employeur peut nous voir et nous entendre.

1 Vocabulaire

Trouve les mots et écris-les dans ton cahier. Note les formes au masculin et au féminin et écris les noms avec l'article défini.

1. Il/Elle soigne les gens et travaille dans un hôpital, par exemple.
2. Il/Elle donne un travail à quelqu'un.
3. Il/Elle travaille dans un café ou un restaurant.
4. C'est l'argent qu'on gagne pour son travail.
5. C'est le nom d'un métier où on traduit d'une langue dans une autre.
6. C'est un adjectif de la même famille que «passion».
7. Un travail ou une expérience l'est quand on apprend des choses intéressantes *(adjectif)*.
8. On en a quand on connaît des choses.
9. Il/Elle fait du dessin.
10. Les élèves de troisième doivent en faire un.
11. Les magazines en donnent pour aider les jeunes, p. ex. pour réussir leur candidature.
12. C'est un verbe de la même famille que «impression».

2 Qu'est-ce qu'on dit?

Lina explique à sa correspondante française ce qu'elle voudrait faire plus tard. Comment est-ce qu'elle dit cela en français? Écris dans ton cahier.

1. Ich träume davon, Reporterin zu werden.
2. Ich möchte ins Ausland reisen. Ich bin sprachbegabt.
3. Ich möchte nicht in einem Büro arbeiten. Das ist gar nichts für mich.
4. Ich bin neugierig, flexibel und ich bin bereit, Verantwortung zu übernehmen.
5. Ich möchte frei sein und Entscheidungen treffen.
6. Ich mag nicht, wenn man mir Befehle erteilt.

3 *Personne ne ...* et *rien ne ...*

Qu'est-ce qu'ils disent? Exprime le contraire. Écris dans ton cahier.

1

a) Tout te plaît.
b) Tout est assez beau pour toi.
c) Tout t'impressionne.

2

a) Quelqu'un le connaît.
b) Chacun sait d'où il vient.
c) Tout le monde lui a parlé.

4 Le conditionnel présent

Complète les mini-dialogues par des formes au conditionnel présent.

1. – Je te ____________________ *(voir)* bien clown. Tu ____________________ *(plaire)* aux enfants.
   – Et toi, tu ____________________ *(faire)* un bon conseiller d'orientation.

2. – Ce n'est pas moi qui ai volé cet argent. Est-ce que je dois tout raconter au prof? Qu'est-ce que vous ______________ *(faire)* à ma place?

– On ______________ *(parler)* au prof et on lui ______________ *(dire)* ce qui s'est passé.

3. – Sans smartphone, les gens ______________ *(s'ennuyer)*.

– Moi, je pense plutôt qu'ils ______________ *(se parler)* plus et qu'ils ______________ *(aller)* plus vers les autres.

5 La condition irréelle

Qu'est-ce qu'ils feraient si...? Complète les phrases par l'imparfait et le conditionnel.

1. Si je n'______________ pas si timide, je lui ______________. *(être / parler)*
2. Si tu ______________, on ______________ le tour du monde. *(vouloir / faire)*
3. Mes amis m'______________ si j'______________ des problèmes. *(aider / avoir)*
4. Elle ______________ heureuse si elle ______________ ça. *(être / savoir)*
5. Si nos parents ______________ d'accord, on ______________ avec vous. *(être / venir)*
6. Si on leur ______________ ça, ils ne nous ______________ pas. *(dire / croire)*
7. Si on ______________, on ______________ un peu d'argent. *(travailler / avoir)*
8. Tu ______________ à cette fête si tu ______________ à ma place? *(aller / être)*

6 Les verbes

a Complète les phrases par des formes de *battre* ou *se battre* aux temps qui conviennent.

1. Arrêtez! Ne le ______________ pas.
2. Autrefois, ils ______________ dans des arènes.
3. Elles se sont disputées et après, elles ______________.
4. S'ils ne faisaient pas autant d'efforts, ils ______________ tout le temps!

b Quelle image va avec quelle phrase? Note le bon numéro. Attention, il y a un dessin en trop.

Solutions, p. 69

Tu es en forme pour l'unité 2? facultatif

Vorbereitung auf:

Volet 1 Gewohnheiten/ Gegenstände beschreiben

1 **Qu'est-ce que c'est? Complète les définitions avec le pronom relatif qui convient:** *lequel/laquelle* **ou** *que/qui/où*. **Et puis trouve pour chaque définition le ou les mots qui correspondent et note-les avec l'article défini.**

1. C'est une chose dans ______________ on peut se coucher pour dormir: __________________.
2. Ce sont des chaussures avec ______________ on fait du sport: __________________.
3. C'est un lieu ____________ on apprend à lire et à écrire: __________________.
4. C'est une chose ____________ tout le monde veut avoir et ____________ on utilise pour changer de chaînes quand on regarde la télévision: __________________.
5. C'est un objet ____________ se trouve souvent sur les gâteaux d'anniversaire: __________________.
6. C'est un objet dans ______________ vivent les animaux quand ils ne sont pas en liberté: ______________________________.
7. Ce sont des objets sans ______________ un concert n'aurait pas lieu: __________________.

Volet 2 *Subjonctif*

2 **Souligne les déclencheurs[1] du subjonctif. Et puis complète par les formes qui manquent.** **(▶ Pense-bête, p. 232)**

1. être________	Je pense qu'il _____est_____ gentil. Je voudrais qu'il soit gentil.
2. partir	S'il vous plaît, ne ______________ pas maintenant! Je ne veux pas que vous ______________ maintenant!
3. ______________	Il ne vient pas demain. Je ne voudrais pas qu'il ______________ demain!
4. avoir	Ils pensent qu'elle ______________ raison. Ils veulent qu'elle ______________ raison.
5. ______________	J'espère que vous faites bien votre travail! J'aimerais que vous ______________ bien votre travail.
6. voir	Tu ______________ ce truc? Il faut que tu ______________ ce truc!
7. ______________	Je pense que vous pouvez rester. Je voudrais que vous ______________ rester.

1 **le déclencheur** der Auslöser

8. ______________ | Nous travaillons beaucoup.
Il faut que nous ______________ beaucoup!

9. prendre | ______________ ta clé!
Il faut que tu ______________ ta clé!

10. ______________ | Vous savez que je vous aime bien!
Je voudrais que vous ______________ que je vous aime bien!

11. aller | Je pense qu'il ______________ chez Julie.
Je ne veux pas qu'il ______________ chez Julie.

12. ______________ | Ne sors pas sans pull!
Il ne faut pas que tu ______________ sans pull.

b **Choisis trois phrases au subjonctif de a. Imagine une situation et écris un ou plusieurs dialogues.**

Volet 3
Adverbien

3 **Compare la troisième A et la troisième B (élèves, ambiance, prof et interro). Utilise les adjectifs ci-dessous et le comparatif.**

agréable   bavard/e   bizarre   bon/bonne   branché/e   calme   content/e
compliqué/e   ennuyeux/ennuyeuse   engagé/e   facile   fatigué/e   motivé/e   passionnant/e
sérieux/sérieuse   sportif/sportive   sympa   tranquille   ___

CD 8

Volet 3
Faux amis / falsche Freunde

4 **Attention aux faux amis! Écoute les phrases. Coche les dessins qui correspondent. Attention, il y a quatre images en trop!**

Des deux côtés du Rhin

VOLET 1

Vocabulaire

1 a Trouve dans le texte les mots ou les expressions qui correspondent. (▶ Texte, p. 42)

1. la vie de tous les jours = ____________________
2. faire la même chose = ____________________
3. quelque chose qu'on fait souvent comme ça = ____________________
4. très souvent = ____________________
5. acheter quelque chose dans un magasin ≠ ____________________

b Écris cinq questions avec les expressions de a. Ton partenaire répond. Écris dans ton cahier.

2 Qu'est-ce qui va ensemble? Note le bon verbe à côté des expressions. (▶ Liste des mots, p. 155–156)

découper *(3x)* remplir *(2x)* faire *(2x)* mettre *(2x)* tremper *(2x)* utiliser *(3x)*

1. ____________________ un gâteau en huit morceaux
2. ____________________ une petite cuillère en métal
3. ____________________ un croissant dans son café
4. ____________________ un cadeau d'anniversaire soi-même
5. ____________________ de la confiture sur son pain
6. ____________________ ses vêtements soi-même
7. ____________________ une bouteille avec de l'eau
8. ____________________ un stylo rouge
9. ____________________ ses mouillettes dans son œuf
10. ____________________ un cornet avec des petits objets
11. ____________________ une tranche de pain en mouillettes
12. ____________________ un fruit en tranches
13. ____________________ un programme spécial sur son ordinateur
14. ____________________ du beurre sur ses mouillettes

3 Qu'est-ce qu'ils font? Décris les dessins. Utilise *mettre*.

1. ______________________________
2. ______________________________
3. ______________________________
4. ______________________________
5. ______________________________
6. ______________________________

Grammaire

4 a Voici des traditions françaises. Lis d'abord les phrases, puis relie chaque photo à son explication.
(▶ Qu'est-ce qu'on dit?, p. 54)

1 ☐

© Fotolia / M.studio

2 ☐

© Fotolia / Claude Coquilleau

3 ☐

© Fotolia / isonphoto

4 ☐

© Fotolia / Anna Khomulo

a C'est un porte-bonheur qui se vend au bord des routes en France le premier mai.

b C'est un gâteau qui s'achète en janvier dans toutes les boulangeries françaises.

c C'est un jeu qui se joue en général sur la place du village.

d C'est un vêtement traditionnel qui se porte en Bretagne.

e En Alsace, c'est un gâteau qui se mange sucré ou salé.

f C'est un dessert qui se prépare pour le Carnaval partout en France.

g C'est un jour national qui se fête le 14 juillet en France.

5 ☐

© Fotolia / M.studio

6 ☐

© Fotolia / DjiggiBodgi.com

7 ☐

© Fotolia / mumucdn

CD 9 **b** Écoute le texte et vérifie tes réponses de a.

5 Ton corres est chez toi. Il découvre plusieurs objets dans ta maison qu'il ne connaît pas. Tu lui expliques ce que c'est. Utilise *Ça se/s'*. (▶ Qu'est-ce qu'on dit?, p. 54)

1 Harzer Käse

2 Friesennerz

3 Wikinger Schach

4 Lebkuchen

5 Pfannkuchen

6 Frühstücksbrettchen

7 Strandkorb

8 Spätzlereibe

6 Lis l'article de «Karambolage» sur le «Stövchen» et résume-le pour un corres français à l'aide des mots et expressions ci-dessous. (▶ Méthodes, p. 133/33–34)

Ich werde heute über einen Gegenstand sprechen, der sich hinter den Tellern in meinem Küchenschrank versteckt. Man findet ihn in vielen deutschen Haushalten, aber nur sehr selten in Frankreich. Ein Franzose hat ja schon Schwierigkeiten, das Wort auszusprechen: „Stövchen". Er macht daraus „SCHHTSCHÖTSCHSCHN"? Oder auch: „SCHHTSCHÖTSCHSCHN". Ja. So ungefähr. Wie kann man das Wort übersetzen? Ganz einfach: in Frankfurt nennt man ein Stövchen „rechaud", also Gaskocher. Der Dialekt macht daraus „reschscho" und die Verniedlichungsform ist „reschodsche". Kurz, ein Franzose, der ein Stövchen braucht, kauft es am besten in Frankfurt. Aber braucht er ein Stövchen? Wir werden sehen. Ein Stövchen ist keine banale Warmhalteplatte: ein Stövchen hat nur eine einzige Kerze und die alleinige Aufgabe, den Kaffee oder den Tee schön warmzuhalten.

Es gibt moderne, raffinierte, rustikale, viereckige und runde Stövchen und natürlich meins. Etwas angeschlagen, aber ich liebe es über alles. Es ist von meiner Grossmutter. Nur benutze ich es fast nie. Ich benutze es nicht, weil ich in Frankreich wohne, diesem romanischen Land, wo man seinen winzigen Expresso nach dem Essen in einem Schluck runterkippt. Nicht wie bei uns, in den nordischen, kalten Ländern, wo Nebel und Unwetter uns dazu zwingen, näher zusammenzurücken, um gemeinsam dem Winter, dem Wind, dem Regen, dem Frost, dem Hagel und der Einsamkeit zu trotzen.

(...) Da thront es, mitten auf dem Wohnzimmertisch, und seine kleine Flamme macht alles so richtig schön gemütlich. Gemütlich: noch ein Wort, das die Franzosen nicht kennen und das unübersetzbar bleibt. Viel zu deutsch, dieser Hang zur ... tja zur Gemütlichkeit. Und deshalb haben wir auch das Stövchen. (...)

objet – trouver: ______________________

mot – prononcer – difficilement: ______________________

utiliser – venir du français – réchaud[1]: ______________________

se servir de – bougie – garder – chaud: ______________________

cafés – petit – boire – en une fois: ______________________

hiver – rester ensemble – se tenir chaud: ______________________

le mot «gemütlich» – exister: ______________________

1 le réchaud das Warmhaltegerät

VOLET 2

Lire et comprendre

1 **Relis le texte puis lis les questions et coche ce qui convient. Attention, il y a parfois plusieurs bonnes réponses!** **(▶Texte, p. 44)**

© Corbis/Westend61/Fotografixx

1. Qu'est-ce qui manque à Morgane?
   - a ☐ l'eau plate
   - b ☐ les surveillants
   - c ☐ les carnets de correspondance
   - d ☐ le repas chaud
   - e ☐ son frère

2. Qu'est-ce que Morgane n'a pas compris?
   - a ☐ le nom des parents de sa corres
   - b ☐ le nom du repas du soir
   - c ☐ les cours

3. Qu'est-ce que Morgane n'a pas aimé?
   - a ☐ la manière de travailler en Allemagne
   - b ☐ le cours de théâtre en allemand
   - c ☐ les boissons gazeuses
   - d ☐ la liberté nouvelle

4. Pourquoi est-ce que Morgane a eu de la chance?
   - a ☐ Parce que sa famille était sympa.
   - b ☐ Parce qu'elle a pu passer une semaine dans la capitale.
   - c ☐ Parce qu'elle a pu faire cette expérience.

5. De quoi est-ce que Morgane avait peur?
   - a ☐ de ne pas avoir de chance avec sa famille
   - b ☐ de déranger en cours avec ses questions
   - c ☐ de ne pas rentrer chez elle pendant les vacances d'automne

Vocabulaire

2 a **Malik parle de son échange avec l'Allemagne. Relie d'abord chaque verbe à son complément.** **(▶Liste des mots, p. 157–158)**

être	1	a	mal à la tête
se débrouiller	2	b	assez bien
vouloir dire	3	c	au baccalauréat
avoir	4	d	de rire
correspondre	5	e	une demande
faire *(2x)*	6	f	assis/e
éclater	7	g	le tour de la classe
		h	mot à mot

b **Complète l'article que Malik a écrit pour le journal de son collège avec des expressions de a. Attention à la conjugaison.**

© Fotolia/Fotimmz

Bonjour de Hambourg,

1 Au printemps, j'______________________________ pour un échange «Brigitte Sauzay» avec l'Allemagne.

2 Le premier jour, j'______________________________ ________________ et j'ai offert un carambar à chaque élève.

3 Maintenant je ______________________________ à côté de Mathias qui est très bon dans toutes les matières et qui m'aide beaucoup!

▶▶▶

4 Au début, je ne comprenais pas grand-chose, mais maintenant, je ______________________ ______________________!

5 Mais les cours de maths en allemand sont très durs! Après, j'______________ toujours ______________________!

6 La sœur de mon corres passe l'Abitur … Ça ______________________________ chez nous.

7 Le week-end, la famille de mon corres aime bien «ins Grüne fahren», ça ______________ ______________________ «aller dans le vert», en fait, «aller à la campagne».

8 Un jour, j'ai dit à mon corres «rendez-vous au gymnase» et il m'a attendu dans l'école. Quand on a compris le problème, on ______________________ tous les deux!

À plus! Malik

Grammaire

3 a Qu'est-ce que Mai Linh pense de Mathieu? Coche les bonnes phrases et tu trouveras la réponse. Fais attention aux déclencheurs[1] du subjonctif! (▶ Repères, p. 54/1, Qu'est-ce qu'on dit?, p. 54)

1 **le déclencheur** der Auslöser

1. Je voudrais qu'il
   - [ ] ne vient pas avec nous au cinéma! Il est tellement nul!
   - [ ] vienne au cinéma avec nous! Il est tellement cool!
2. Je pense que
   - [ ] c'est le garçon le plus passionnant du monde.
   - [ ] ça soit le garçon le plus ennuyeux du monde!
3. Je trouverais formidable qu'il
   - [ ] fait une lettre d'amour à Elisabeth-Marie.
   - [ ] me fasse une proposition pour aller prendre un coca.
4. Il faudrait que
   - [ ] je ne le vois plus jamais!
   - [ ] je le voie le plus souvent possible!
5. J'espère qu'il
   - [ ] va aller dans le même lycée que moi l'année prochaine!
   - [ ] aille dans un lycée très loin d'ici!
6. Ce serait dommage qu'on
   - [ ] ne peut plus se quitter!
   - [ ] ne puisse plus être ensemble!

b Mathieu hésite. Est-ce qu'il doit appeler Mai Linh? Donne-lui un conseil.

- [ ] Oui, tu peux l'appeler, elle s'intéresse aussi à toi!
- [ ] Non, ne l'appelle pas, elle ne s'intéresse pas à toi!
- [ ] Appelle-la. Elle est amoureuse d'un autre mais tu as aussi des chances.

4 Tim pense à son corres. Subjonctif ou indicatif? Complète avec le verbe à la forme qui convient.
(▶ Repères, p. 54/1, Pense-bête, p. 232)

aller *(2x)*
avoir
écrire
être *(2x)*
faire
pouvoir

1. Il faudrait que je lui ______________ un mail!
2. Je trouverais super qu'il ______________ sportif comme moi!
3. Ce serait drôle qu'il ______________ aussi du judo!
4. Je pense qu'il ______________ l'air sympa!
5. Je voudrais qu'on ______________ être amis!
6. Je suis sûr qu'il ______________ meilleur en français que moi en allemand.
7. J'ai envie qu'on ______________ une fois à la mer ensemble!
8. J'espère qu'il ______________ me répondre bientôt!

5 Voici la liste des 10 clichés principaux qui existent en France sur les Allemands. Qu'est-ce que tu en penses? Donne ton avis. Fais au moins cinq phrases. Utilise le subjonctif.
(▶ Repères, p. 54/1, Pense-bête, p. 232)

Je suis +	content/e déçu/e étonné/e fier/fière ___	+ que + *subj.*

Je trouve +	bizarre drôle dégoutant fantastique génial normal nul super ___	+ que + *subj.*

Je suis contente que, d'après les Français, les Allemands soient tous fans d'écologie.

1	*Les Allemands portent des chaussettes avec des sandales.*
2	*Les Allemands sont riches.*
3	*Les Allemands boivent seulement de la bière et mangent de la charcuterie au petit-déjeuner.*
4	*Les Allemands écoutent du trash metal.*
5	*Les Allemands crient tout le temps.*
6	*Les Allemands sont tous blonds.*
7	*L'allemand est une langue difficile.*
8	*Les Allemands sont tous fans d'écologie.*
9	*Leurs voitures sont mieux que les nôtres.*
10	*Les Allemands gagnent toujours au football.*

6 a Complète la liste avec les formes masculines et féminines des adjectifs et les adverbes qui manquent, puis souligne les adverbes qui ont une exception. (▶ Repères, p. 55/3, Liste des mots, p. 157–158)

adjectif	adverbe	adjectif	adverbe
	absolument	heureux/-euse	
	carrément	indépendant/e	
	couramment	intelligent/e	
	exactement	intéressant/e	
différent/e	différemment		malheureusement
drôle		normal/e	
	justement		rapidement
énorme		sérieux/-euse	
	évidemment	seul/seule	
	fièrement		sûrement
	formidablement	terrible	
	forcément	violent/e	
	gentiment	vrai/vraie	

b Quelques jeunes parlent de leurs amis. Complète les phrases avec l'adjectif ou l'adverbe de a qui convient.

Laura et moi, nous sommes ___différentes___, nous travaillons ____________ *(anders)* mais nous nous aimons ____________ *(sehr viel)*! Par contre, j'ai beaucoup de problèmes avec Sarah ... Hier, j'ai discuté ____________ *(ernsthaft)* avec elle. Elle est ____________ *(schrecklich)* furieuse à cause du cours d'anglais, mais je trouve que c'est ____________ *(normal)*! Elle voulait ____________ *(unbedingt)* préparer l'exposé avec moi, mais moi, j'ai préféré travailler avec Laura qui est aussi beaucoup plus ____________ *(lustig)*!

J'ai passé deux mois tout ____________ *(allein)* dans une famille allemande. Quand je suis rentré, je parlais ____________ *(fließend)* allemand. Ma famille était ____________ *(total)* drôle! Je me suis ____________ *(ziemlich)* bien amusé chez eux!

7 **C'est la fin de l'échange. Les corres ont organisé une grande fête. Qu'est-ce qu'ils disent ou demandent? Utilise** *demander à qn de faire qc* **et** *dire à qn de faire qc.* **(▶Repères, p. 55/2)**

Apprendre à apprendre

8 **Voici un article de journal. Tu peux t'en servir pour améliorer[1] ton français. Réponds aux questions.** **(▶Méthodes, p. 123/10)**

1. Ton hobby est le rap et tu voudrais en parler avec ton corres. Lis l'article et souligne les expressions utiles en noir. Note-les dans ton cahier.
2. Le père de ton corres aime parler de politique. Qu'est-ce qui est utile pour en parler avec lui? Souligne en bleu et prends des notes dans ton cahier.

Zweierpasch 2 VOIX / 2 LANGUES

Développer le rap franco-allemand. Voilà le projet du groupe Zweierpasch / Double deux. Deux semaines avant les élections européennes, les frères Neumann sortent un nouvel album pour l'amitié et la coopération entre les peuples.

Till et Félix Neumann, 30 ans, ont grandi dans le village de Sennfeld à quelques kilomètres de la frontière française dans le Bade-Würtemberg. Till profite de cette situation pour décrocher un diplôme de journalisme au CUEJ de Strasbourg, pendant que Félix poursuit un master en sciences sociales à l'université de Fribourg-en-Brisgau.

Amateurs de Hip Hop et de rap, les frères fondent le groupe Zweierpasch. Le concept: poser des textes français et allemands sur des beats jazzy, funky et incluant des éléments du reggae. En septembre 2011, le morceau *Frontalier / Grenzgänger* s'impose comme l'hymne du rap franco-allemand. Le titre débute notamment avec un extrait du discours de Charles de Gaulle sur le Traité de l'Elysée. En août 2013, l'album *Toutes les bonnes choses arrivent par deux* est dans les bacs. Consécration: pour les 50 ans du traité, les frères Neumann sont invités au Château Bellevue et se produisent devant le président fédéral Joachim Gauck.

En mai 2014, Zweierpasch est de retour. L'album *Mon Chemin* et le titre *Friedenstauben* (Colombes de la Paix) vantent le projet européen. L'objectif: condamner le racisme, les populismes de droite et appeler à la coopération entre les Etats et les peuples du Vieux Continent.

La Gazette de Berlin 09.05.2014 / Christopher Falzon

1 **améliorer qc** etw. verbessern

VOLET 3

Lire et comprendre

1 **Relis les textes p. 48, puis entoure les bonnes fins de phrases.** (▶ Texte, p. 48)

1. Ayoub
   - a a pris trois entrées.
   - b a détesté le plat unique.
   - c a attendu un plat qui n'est jamais venu.
2. Fan-de-moi
   - a voulait boire de l'eau.
   - b voulait manger une glace.
   - c ne connaissait pas le mot «verre» en allemand.
3. Karim
   - a a découvert un objet qu'on utilise pour y mettre ses tartines.
   - b trouve qu'on mange trop de charcuterie et de fromage et pas assez de fruits en Allemagne.
   - c n'aime pas manger dans des boîtes en plastique.
4. Nolwenn
   - a a fait des courses et n'avait plus son rendez-vous en tête.
   - b a mal compris l'heure du rendez-vous.
   - c est toujours en retard, en France comme en Allemagne.
5. Le corres du Chti
   - a adore les lits à la française.
   - b a détesté le petit-déjeuner.
   - c n'était pas content avec son traversin.

Vocabulaire et expression

2 **Ce n'était pas toujours facile pour Annabelle et sa corres allemande. Complète d'abord les phrases avec les mots suivants.** (▶ Liste des mots, p. 159–160)

à la place   au bout de/d'   en forme de   la mélodie en tête   malentendus   paraît que/qu'
plainte de   unique   y penser

1. Elle nous a apporté un truc pour faire des gâteaux ______________ porte de Brandebourg ... Il fallait ______________!
2. Elle chantait toute la journée la même chanson, à la fin on avait tous ______________!
3. Elle s'est souvent ______________ notre emploi du temps. Elle trouvait les journées trop longues.
4. Au dîner, elle ne mangeait pas de légumes et voulait toujours des pommes de terre ______________.
5. Elle prenait souvent l'entrée pour un plat ______________ et en mangeait beaucoup. Il ______________ en Allemagne, il n'y a pas toujours d'entrée!
6. Au début, elle ne disait pas qu'elle ne nous comprenait pas, et à cause de ça il y a eu pas mal de ______________ entre nous.
7. Mais ______________ un moment, elle m'a posé plus de questions, je lui ai expliqué beaucoup de choses et finalement, on s'est bien entendues!

3 **Dans beaucoup d'expressions françaises on trouve la préposition en. Complète les phrases.**
(▶ Liste des mots, p. 159–160)

en carton | en détail | en direct | en forme de | en général | en liberté | en papier | en permanence | en plastique | en retard | en silence | en tête | en une fois | en verre

1

Aujourd'hui, Paul n'avait pas son emploi du temps ________________. Alors il est arrivé ________________ en cours. La prof lui a donné une feuille et lui a demandé de lire ________________... Mais Paul a fait un avion ________________ avec le texte! Alors la prof a envoyé Paul ________________!

2

C'est une émission ________________ de Camargue! ________________, on y voit plein d'animaux ________________! Mais aujourd'hui, c'est spécial, ils présentent la ville des Saintes-Marie-de-la-Mer ________________!

3

Attention, il ne faut pas mettre tout le contenu du sac ________________! Les bouteilles ________________ ________________ ne vont pas avec les bouteilles ________________!

4

Je mets tous mes trésors dans une boîte ________________... J'ai même une figurine avec une tête ________________ poire!

Parler

4 **Fais le jeu des dialogues sur les pages cartonnées.**

Grammaire

5 Lionel est chez son corres Konrad. Complète sa carte à ses parents. Utilise *se plaindre* ou *rejoindre*. Fais attention aux temps! (▶ Verbes, p. 142)

Chers parents,

Ma famille est géniale, je ne me ______________________ pas!

Konrad et moi, nous partons ensemble tous les matins et nous ______________________ Matti et Lisa à l'arrêt de bus. Ce sont les copains de Konrad.

Le prof de maths de mon corres est trop cool. Quand les élèves ______________________, il dit qu'ils n'ont pas besoin de faire les devoirs. ☺☺

Il y a une Française de ma classe qui ______________________ de la cantine. Moi, je trouve que ça va. Ce n'est pas super, mais ce n'est pas l'horreur non plus.

Samedi, j'irai en ville tout seul pour faire du shopping et puis je ______________________ Konrad et sa famille à 16 heures pour aller au cinéma.

Je vous embrasse, Lionel

Regarder et comprendre

DVD **6** Regarde la bande-annonce du film «Rien à déclarer» et réponds aux questions. (▶ Webcode APLUS-4-CARNET-32)

a Voici les personnages principaux de ce film. Ils viennent de quel pays?

Ruben Vandevoorde est ______________________.

© action press / Collection Christophel

Mathias Ducatel est ______________________.

b Chacun a ses clichés sur l'autre. Qui dit ou pense quoi?

1. Il appelle les habitants de l'autre pays «les camemberts». ______________________
2. Il pense que les habitants de l'autre pays finissent toujours leurs phrases avec l'expression «une fois». ______________________
3. Il sait imiter l'accent des habitants de l'autre pays. ______________________
4. Il appelle son collègue «sale frousse». ______________________

c Est-ce que tu as envie de regarder le film? Pourquoi? Justifie ta réponse.

1 Vocabulaire

Qu'est-ce qui va ensemble? Trouve les expressions et écris-les dans ton cahier avec leur traduction.

goûter **1**	**a** un sac
	b du carton
avoir en tête **2**	**c** sur une chaise
	d une tradition
avoir mal **3**	**e** une chanson
	f un kiwi
avoir le mal **4**	**g** à la tête
	h une bouteille
être assis/e **5**	**i** le contenu dans la boîte
	j un souvenir
correspondre **6**	**k** une tranche de pain
	l à la seconde en France
introduire **7**	**m** du pays
	n une saucisse
remplir **8**	**o** aux jambes
	p une idée fausse
découper **9**	**q** dans le bus

2 Qu'est-ce qu'on dit?

Voici la description de spécialités et d'objets originaux. Complète les explications.

contenu en en métal mot à mot paraît que qu'on ruban s'agit d' se fait
se ferme soi-même une sorte de utilise

© Fotolia / A_Bruno

1. Un «*kalter Hund*», ____________ «un chien froid», c'est ____________ gâteau qu'on fait avec des biscuits et du chocolat et qui ____________ souvent aux anniversaires. On peut facilement le faire ____________.

© Fotolia / PAO joke

2. Le sac à dragées est un petit sac souvent transparent qui ____________ avec un ____________ et ____________ offre souvent en France aux invités d'un mariage. Son ____________, ce sont des petits bonbons blancs ____________ sucre. Il ____________ ce sont aussi des porte-bonheur!

© Fotolia / santi_

3. Il ____________ un objet ____________ du designer français Philipp Starck qu'on ____________ pour préparer des jus de citron et des jus d'orange.

3 D'autres déclencheurs du subjonctif

Il y a eu un accident et tout le monde fait son commentaire! Qu'est-ce qu'ils disent? Utilise le subjonctif ou l'indicatif.

1. C'est bizarre qu'il ne __________ pas attention.
2. Heureusement, tu n'__________ pas gravement blessé!
3. Je suis content qu'il ______________ mieux. J'ai eu peur qu'il ______________ aller à l'hôpital!
4. Il faut qu'on ______________ ses parents!
5. C'est terrible que cette route ______________ si dangereuse!
6. Il faudrait qu'on ______________ quelque chose pour protéger les gens!
7. Je trouve qu'il __________ eu de la chance!
8. Je suis étonné que le vélo n'__________ rien!

4 *Dire de / Demander de* + infinitif

Finn a passé son premier jour en France. Le soir, les parents de sa famille d'accueil veulent savoir comment s'est passée sa journée. Regarde les dessins et réponds à la place de Finn.

5 Les verbes

Complète avec *rejoindre* ou *se plaindre* à la forme qui convient.

1. Allez-y! Je vous ______________ dans une minute!
2. Le coca est un peu chaud, mais nous ne ____________________ pas, cela pourrait être pire!
3. Aujourd'hui activité surf avec notre moniteur[1]. Les sportifs ______________ Daniel à 11 heures sur la plage.
4. Nous n'étions pas contentes, alors nous ____________________ et maintenant, c'est beaucoup mieux!

1 **le moniteur** der Betreuer

Solutions, p. 70

Tu es en forme pour l'unité 3? facultatif

Vorbereitung auf:

Volet 1 – Tâche A – Über ein Land sprechen

1 a Un jour, en cours de français. Lis le dialogue et souligne les mots en noir quand il s'agit d'un pays, en bleu quand il s'agit des habitants et en vert quand il s'agit d'une langue.

Prof: En Belgique, il y a des Belges qui parlent français, d'autres qui parlent néerlandais, et quoi encore?
Élève: Il y a des Belges qui parlent allemand aussi.
Prof: Très bien, et en Suisse? Qui peut me dire les langues qu'on parle dans ce pays?
Élève: Il y a des Suisses qui parlent allemand et français et des Suisses qui parlent allemand, romanche et italien.
Élève: Monsieur, j'ai une question: En France, est-ce que tous les Français parlent breton?
Prof: Non, mais j'ai connu une vieille Bretonne qui ne parlait pas français! ... Bon, on continue. Quelles langues est-ce qu'on parle en Tunisie? Vous le savez?
Élève: Ben, la langue officielle, c'est l'arabe.
Élève: Oui, mais beaucoup de Tunisiens parlent français aussi. Et il y a des Tunisiens qui parlent berbère.

b Recopie ce tableau dans ton cahier, puis classe les mots soulignés dans le tableau.

le pays	les habitants	la langue

c Nomme les langues qu'on parle au Québec. Écris une phrase complète dans ton cahier.

Volet 2 – Tâche A – Über ein Land sprechen

2 Présente le Québec. Écris ta présentation dans ton cahier.

compter ? millions d'habitants   la capitale / la plus grande ville
la langue officielle   l'histoire   l'activité principale
le climat: faire (froid/chaud) en hiver / en été
les paysages: la montagne, la vallée, le fleuve, la rivière, la forêt, la mer, ____

Volet 2 – Tâche B – Über Musik sprechen

3 a Des mots utiles pour parler de musique. Complète les phrases par les mots qui conviennent.

chanson *(3x)*   voix
hip hop   mélodie
message   paroles
chanson préférée
rap   rythme   styles

© Corbis/VIP Images/Eric Fougere

1. **Lucie:** J'écoute souvent la ____ «Dernière Danse» d'Indila parce que j'adore la ____ et les ____. Et le ____ de la ____ est très fort.
2. **Hélène:** Moi, je trouve qu'Indila a une belle ____, mais «Dernière Danse» n'est pas ma ____. Moi, je préfère sa ____ «Comme un bateau» à cause du ____.
3. **Marc:** Moi, je n'aime pas trop le R'n'B. Je préfère d'autres ____ de musique comme le ____ ou le ____ ...

CD 10

b Écoute maintenant la solution et compare avec ton texte.

c Quelle est ta chanson préférée en ce moment? Explique pourquoi. Parlez-en entre vous.

Volet 2 *plus-que-parfait* Volet 3 indirckte Rede

4 **Note l'infinitif de ces verbes au participe passé dans ton cahier.** (▶ Verbes, p. 138–143)

1. connu 3. dû 5. eu 7. mis 9. plu 11. pris 13. su 15. voulu
2. cru 4. été 6. fait 8. pu 10. plu 12. ri 14. vécu 16. vu

Volet 2 *plus-que-parfait* Volet 3 indirekte Rede

5 **Faudel est de retour! Le chanteur a répondu à une interview. Complète ce qu'il raconte par des formes de *être* et *avoir* à l'imparfait.**

1. Autrefois, vous __________ beaucoup de succès. On dit de vous que vous __________ «le petit prince du raï».
2. Oui, j'__________ un tas de fans. Ils __________ fans de mon style de musique!
3. C'__________ le bon temps! ... Parce qu'un jour, ils ont préféré écouter d'autres styles.
4. Oui, mais maintenant, ça va beaucoup mieux, je redeviens le chanteur que j'__________.

Volet 3 indirekte Rede in der Vergangenheit

6 **Lili et son copain Léo aimeraient bien faire un long voyage. Mets les verbes entre parenthèses au conditionnel présent.**

1. Et si on faisait un grand voyage? On __________ *(vivre)* une aventure formidable!
2. Oh oui, nous __________ *(aller)* en Amérique, en Afrique, en ...
3. Nous __________ *(faire)* le tour du monde! Mais pour pouvoir le faire, il nous __________ *(falloir)* beaucoup de temps et d'argent.
4. Toi qui as une belle voix, tu __________ *(pouvoir)* chanter et moi, je __________ *(jouer)* de la guitare pour t'accompagner. On __________ *(donner)* des concerts. Ce __________ *(être)* cool!
5. Oui, avec ça, on __________ *(avoir)* assez d'argent pour nous payer le voyage.

Volet 3 indirekte Rede in der Vergangenheit

7 **Youssef a reçu un message d'un ami. Il le raconte à sa sœur. Utilise le discours indirect. Écris dans ton cahier.**

Il dit que/qu'___ Il raconte que/qu'___ Il écrit que/qu'___

Salut Youssef!

Je suis chez mes cousins à Gabès, dans le sud de la Tunisie. Il fait beau. Mes cousins s'occupent bien de moi. Hier, on a visité la ville. Demain, on ira à la plage. Ma tante me prépare tous les jours du poisson! J'adore sa cuisine!
Je rentre le 24 avril.

À plus!
Mehdi

Le jeu des dialogues

Faites des dialogues à deux. Lisez/Regardez les cartes qui vous proposent des SITUATIONs de dialogue. Les autres cartes (SYMBOLE, QUESTION, BOUÉE[1]) peuvent vous inspirer.

1 Découpez et groupez les cartes selon leur fonction (situation, symbole, question, bouée) en quatre piles[2].

2 Prenez au hasard[3] une carte SITUATION. Choisissez 4 cartes SYMBOLE, 4 cartes QUESTION et 4 cartes BOUÉE qui peuvent correspondre à la SITUATION. Vous devez en parler dans votre dialogue.

3 Maintenant, préparez un dialogue ensemble pendant 5 minutes. Qui est A, qui est B ? Puis jouez-le devant deux autres camarades.

1 **la bouée** der Rettungsring *hier:* die Hilfskarte 2 **la pile** der Stapel 3 **prendre au hasard** etw. blind ziehen

Shopping au centre-ville
Tu es allé/e faire du shopping avec ton/ta corres. Quand vous rentrez, son père te pose des questions.
A: l'élève allemand/e en France
B: le père de ton/ta corres

Volé ou perdu?
Dans ton collège en France, tu ne trouves plus ton sac à dos. Tu vas chez le/la CPE.
A: l'élève allemand/e en France
B: le/la CPE

Rendez-vous au cinéma
Tu veux aller au cinéma avec ton/ta corres français/e. Mettez-vous d'accord.
A: l'élève allemand/e
B: le/la corres français/e

Un week-end à Paris
Tu veux passer un week-end à Paris avec ton/ta corres. Vous faites le programme.
A: l'élève allemand/e
B: le/la corres français/e

Un job d'été
Tu passes une année en France et tu voudrais gagner un peu d'argent. Discute avec la mère de ton/ta corres.
A: l'élève allemand/e
B: la mère de ton/ta corres

Un voyage de rêve
Tu parles avec ton/ta corres d'un voyage que tu vas faire.
A: l'élève allemand/e
B: le/la corres français/e

Les métiers de tes rêves
Tu parles de ton métier de rêve avec ton/ta corres.
A: l'élève allemand/e
B: ton/ta corres français/e

La musique / Le cinéma et toi
Avec ton/ta corres, vous parlez de la musique/des films que vous aimez.
A: l'élève allemand/e
B: le/la corres français/e

Un cadeau pour ton/ta corres
C'est l'anniversaire de ton/ta corres français/e. Avec son meilleur copain / sa meilleure copine, vous cherchez un cadeau.
A: l'élève allemand/e
B: le copain / la copine de ton/ta corres français/e

À l'auberge de jeunesse
Tu passes des vacances en France avec des copains allemands. Vous voulez rester une nuit dans une auberge de jeunesse.
A: l'élève allemand/e
B: l'employé/e de l'auberge de jeunesse

Au restaurant
Tu es au restaurant en France avec ta famille. Tu commandes.
A: l'élève allemand/e
B: le serveur/la serveuse

Ça ne va pas?
Tu es chez ton/ta corres et tu as un problème. Vous en parlez.
A: l'élève allemand/e en France
B: le/la corres

1 Découpez les cartes. Groupez les cartes selon leur fonction (SITUATION, SYMBOLE, QUESTION, BOUÉE) en quatre piles (de manière que vous ne puissiez pas les lire/voir).

2 Prenez au hasard une carte SITUATION, 4 cartes BOUÉE, 6 cartes SYMBOLE et 6 cartes QUESTION. Vous pouvez reposer[1] 2 cartes SYMBOLE et 2 cartes QUESTION. Vous devez parler des autres dans votre dialogue.

3 Qui est A, qui est B? Préparez sans parler un dialogue pendant 3 minutes. Puis jouez-le devant deux autres camarades.

[1] **reposer qc** etw. zurücklegen

SITUATION | SITUATION | SITUATION | SITUATION | SITUATION | SITUA-
TION | SITUATION | SITUATION | SITUATION | SITUATION | SITUATION |
SITUATION | SITUATION | SITUATION | SITUATION | SITUATION | SITUA-
TION | SITUATION | SITUATION | SITUATION | SITUATION | SITUATION |
SITUATION | SITUATION | SITUATION | SITUATION | SITUATION | SITUA-
TION | SITUATION | SITUATION | SITUATION | SITUATION | SITUATION |
SITUATION | SITUATION | SITUATION | SITUATION | SITUATION | SITUA-
TION | SITUATION | SITUATION | SITUATION | SITUATION | SITUATION |

SITUATION | SITUATION | SITUATION | SITUATION | SITUATION | SITUA-
TION | SITUATION | SITUATION | SITUATION | SITUATION | SITUATION |
SITUATION | SITUATION | SITUATION | SITUATION | SITUATION | SITUA-
TION | SITUATION | SITUATION | SITUATION | SITUATION | SITUATION |
SITUATION | SITUATION | SITUATION | SITUATION | SITUATION | SITUA-
TION | SITUATION | SITUATION | SITUATION | SITUATION | SITUATION |
SITUATION | SITUATION | SITUATION | SITUATION | SITUATION | SITUA-
TION | SITUATION | SITUATION | SITUATION | SITUATION | SITUATION |

SITUATION | SITUATION | SITUATION | SITUATION | SITUATION | SITUA-
TION | SITUATION | SITUATION | SITUATION | SITUATION | SITUATION |
SITUATION | SITUATION | SITUATION | SITUATION | SITUATION | SITUA-
TION | SITUATION | SITUATION | SITUATION | SITUATION | SITUATION |
SITUATION | SITUATION | SITUATION | SITUATION | SITUATION | SITUA-
TION | SITUATION | SITUATION | SITUATION | SITUATION | SITUATION |
SITUATION | SITUATION | SITUATION | SITUATION | SITUATION | SITUA-
TION | SITUATION | SITUATION | SITUATION | SITUATION | SITUATION |

SITUATION | SITUATION | SITUATION | SITUATION | SITUATION | SITUA-
TION | SITUATION | SITUATION | SITUATION | SITUATION | SITUATION |
SITUATION | SITUATION | SITUATION | SITUATION | SITUATION | SITUA-
TION | SITUATION | SITUATION | SITUATION | SITUATION | SITUATION |
SITUATION | SITUATION | SITUATION | SITUATION | SITUATION | SITUA-
TION | SITUATION | SITUATION | SITUATION | SITUATION | SITUATION |
SITUATION | SITUATION | SITUATION | SITUATION | SITUATION | SITUA-
TION | SITUATION | SITUATION | SITUATION | SITUATION | SITUATION |

SITUATION | SITUATION | SITUATION | SITUATION | SITUATION | SITUA-
TION | SITUATION | SITUATION | SITUATION | SITUATION | SITUATION |
SITUATION | SITUATION | SITUATION | SITUATION | SITUATION | SITUA-
TION | SITUATION | SITUATION | SITUATION | SITUATION | SITUATION |
SITUATION | SITUATION | SITUATION | SITUATION | SITUATION | SITUA-
TION | SITUATION | SITUATION | SITUATION | SITUATION | SITUATION |
SITUATION | SITUATION | SITUATION | SITUATION | SITUATION | SITUA-
TION | SITUATION | SITUATION | SITUATION | SITUATION | SITUATION |

SITUATION | SITUATION | SITUATION | SITUATION | SITUATION | SITUA-
TION | SITUATION | SITUATION | SITUATION | SITUATION | SITUATION |
SITUATION | SITUATION | SITUATION | SITUATION | SITUATION | SITUA-
TION | SITUATION | SITUATION | SITUATION | SITUATION | SITUATION |
SITUATION | SITUATION | SITUATION | SITUATION | SITUATION | SITUA-
TION | SITUATION | SITUATION | SITUATION | SITUATION | SITUATION |
SITUATION | SITUATION | SITUATION | SITUATION | SITUATION | SITUA-
TION | SITUATION | SITUATION | SITUATION | SITUATION | SITUATION |

SITUATION | SITUATION | SITUATION | SITUATION | SITUATION | SITUA-
TION | SITUATION | SITUATION | SITUATION | SITUATION | SITUATION |
SITUATION | SITUATION | SITUATION | SITUATION | SITUATION | SITUA-
TION | SITUATION | SITUATION | SITUATION | SITUATION | SITUATION |
SITUATION | SITUATION | SITUATION | SITUATION | SITUATION | SITUA-
TION | SITUATION | SITUATION | SITUATION | SITUATION | SITUATION |
SITUATION | SITUATION | SITUATION | SITUATION | SITUATION | SITUA-
TION | SITUATION | SITUATION | SITUATION | SITUATION | SITUATION |

SITUATION | SITUATION | SITUATION | SITUATION | SITUATION | SITUA-
TION | SITUATION | SITUATION | SITUATION | SITUATION | SITUATION |
SITUATION | SITUATION | SITUATION | SITUATION | SITUATION | SITUA-
TION | SITUATION | SITUATION | SITUATION | SITUATION | SITUATION |
SITUATION | SITUATION | SITUATION | SITUATION | SITUATION | SITUA-
TION | SITUATION | SITUATION | SITUATION | SITUATION | SITUATION |
SITUATION | SITUATION | SITUATION | SITUATION | SITUATION | SITUA-
TION | SITUATION | SITUATION | SITUATION | SITUATION | SITUATION |

SITUATION | SITUATION | SITUATION | SITUATION | SITUATION | SITUA-
TION | SITUATION | SITUATION | SITUATION | SITUATION | SITUATION |
SITUATION | SITUATION | SITUATION | SITUATION | SITUATION | SITUA-
TION | SITUATION | SITUATION | SITUATION | SITUATION | SITUATION |
SITUATION | SITUATION | SITUATION | SITUATION | SITUATION | SITUA-
TION | SITUATION | SITUATION | SITUATION | SITUATION | SITUATION |
SITUATION | SITUATION | SITUATION | SITUATION | SITUATION | SITUA-
TION | SITUATION | SITUATION | SITUATION | SITUATION | SITUATION |

SITUATION | SITUATION | SITUATION | SITUATION | SITUATION | SITUA-
TION | SITUATION | SITUATION | SITUATION | SITUATION | SITUATION |
SITUATION | SITUATION | SITUATION | SITUATION | SITUATION | SITUA-
TION | SITUATION | SITUATION | SITUATION | SITUATION | SITUATION |
SITUATION | SITUATION | SITUATION | SITUATION | SITUATION | SITUA-
TION | SITUATION | SITUATION | SITUATION | SITUATION | SITUATION |
SITUATION | SITUATION | SITUATION | SITUATION | SITUATION | SITUA-
TION | SITUATION | SITUATION | SITUATION | SITUATION | SITUATION |

SITUATION | SITUATION | SITUATION | SITUATION | SITUATION | SITUA-
TION | SITUATION | SITUATION | SITUATION | SITUATION | SITUATION |
SITUATION | SITUATION | SITUATION | SITUATION | SITUATION | SITUA-
TION | SITUATION | SITUATION | SITUATION | SITUATION | SITUATION |
SITUATION | SITUATION | SITUATION | SITUATION | SITUATION | SITUA-
TION | SITUATION | SITUATION | SITUATION | SITUATION | SITUATION |
SITUATION | SITUATION | SITUATION | SITUATION | SITUATION | SITUA-
TION | SITUATION | SITUATION | SITUATION | SITUATION | SITUATION |

SITUATION | SITUATION | SITUATION | SITUATION | SITUATION | SITUA-
TION | SITUATION | SITUATION | SITUATION | SITUATION | SITUATION |
SITUATION | SITUATION | SITUATION | SITUATION | SITUATION | SITUA-
TION | SITUATION | SITUATION | SITUATION | SITUATION | SITUATION |
SITUATION | SITUATION | SITUATION | SITUATION | SITUATION | SITUA-
TION | SITUATION | SITUATION | SITUATION | SITUATION | SITUATION |
SITUATION | SITUATION | SITUATION | SITUATION | SITUATION | SITUA-
TION | SITUATION | SITUATION | SITUATION | SITUATION | SITUATION |

le Canada
le Sénégal

BOLE | SYMBOLE | SYMBOLE |
SYMBOLE | SYMBOLE | SYM-
BOLE | SYMBOLE | SYMBOLE |
SYMBOLE | SYMBOLE | SYM-
BOLE | SYMBOLE | SYMBOLE |
SYMBOLE | SYMBOLE | SYM-
BOLE | SYMBOLE | SYMBOLE |
SYMBOLE | SYMBOLE | SYM-
BOLE | SYMBOLE | SYMBOLE

BOLE | SYMBOLE | SYMBOLE |
SYMBOLE | SYMBOLE | SYM-
BOLE | SYMBOLE | SYMBOLE |
SYMBOLE | SYMBOLE | SYM-
BOLE | SYMBOLE | SYMBOLE |
SYMBOLE | SYMBOLE | SYM-
BOLE | SYMBOLE | SYMBOLE |
SYMBOLE | SYMBOLE | SYM-
BOLE | SYMBOLE | SYMBOLE

BOLE | SYMBOLE | SYMBOLE |
SYMBOLE | SYMBOLE | SYM-
BOLE | SYMBOLE | SYMBOLE |
SYMBOLE | SYMBOLE | SYM-
BOLE | SYMBOLE | SYMBOLE |
SYMBOLE | SYMBOLE | SYM-
BOLE | SYMBOLE | SYMBOLE |
SYMBOLE | SYMBOLE | SYM-
BOLE | SYMBOLE | SYMBOLE

BOLE | SYMBOLE | SYMBOLE |
SYMBOLE | SYMBOLE | SYM-
BOLE | SYMBOLE | SYMBOLE |
SYMBOLE | SYMBOLE | SYM-
BOLE | SYMBOLE | SYMBOLE |
SYMBOLE | SYMBOLE | SYM-
BOLE | SYMBOLE | SYMBOLE |
SYMBOLE | SYMBOLE | SYM-
BOLE | SYMBOLE | SYMBOLE

BOLE | SYMBOLE | SYMBOLE |
SYMBOLE | SYMBOLE | SYM-
BOLE | SYMBOLE | SYMBOLE |
SYMBOLE | SYMBOLE | SYM-
BOLE | SYMBOLE | SYMBOLE |
SYMBOLE | SYMBOLE | SYM-
BOLE | SYMBOLE | SYMBOLE |
SYMBOLE | SYMBOLE | SYM-
BOLE | SYMBOLE | SYMBOLE

BOLE | SYMBOLE | SYMBOLE |
SYMBOLE | SYMBOLE | SYM-
BOLE | SYMBOLE | SYMBOLE |
SYMBOLE | SYMBOLE | SYM-
BOLE | SYMBOLE | SYMBOLE |
SYMBOLE | SYMBOLE | SYM-
BOLE | SYMBOLE | SYMBOLE |
SYMBOLE | SYMBOLE | SYM-
BOLE | SYMBOLE | SYMBOLE

BOLE | SYMBOLE | SYMBOLE |
SYMBOLE | SYMBOLE | SYM-
BOLE | SYMBOLE | SYMBOLE |
SYMBOLE | SYMBOLE | SYM-
BOLE | SYMBOLE | SYMBOLE |
SYMBOLE | SYMBOLE | SYM-
BOLE | SYMBOLE | SYMBOLE |
SYMBOLE | SYMBOLE | SYM-
BOLE | SYMBOLE | SYMBOLE

BOLE | SYMBOLE | SYMBOLE |
SYMBOLE | SYMBOLE | SYM-
BOLE | SYMBOLE | SYMBOLE |
SYMBOLE | SYMBOLE | SYM-
BOLE | SYMBOLE | SYMBOLE |
SYMBOLE | SYMBOLE | SYM-
BOLE | SYMBOLE | SYMBOLE |
SYMBOLE | SYMBOLE | SYM-
BOLE | SYMBOLE | SYMBOLE

BOLE | SYMBOLE | SYMBOLE |
SYMBOLE | SYMBOLE | SYM-
BOLE | SYMBOLE | SYMBOLE |
SYMBOLE | SYMBOLE | SYM-
BOLE | SYMBOLE | SYMBOLE |
SYMBOLE | SYMBOLE | SYM-
BOLE | SYMBOLE | SYMBOLE |
SYMBOLE | SYMBOLE | SYM-
BOLE | SYMBOLE | SYMBOLE

BOLE | SYMBOLE | SYMBOLE |
SYMBOLE | SYMBOLE | SYM-
BOLE | SYMBOLE | SYMBOLE |
SYMBOLE | SYMBOLE | SYM-
BOLE | SYMBOLE | SYMBOLE |
SYMBOLE | SYMBOLE | SYM-
BOLE | SYMBOLE | SYMBOLE |
SYMBOLE | SYMBOLE | SYM-
BOLE | SYMBOLE | SYMBOLE

BOLE | SYMBOLE | SYMBOLE |
SYMBOLE | SYMBOLE | SYM-
BOLE | SYMBOLE | SYMBOLE |
SYMBOLE | SYMBOLE | SYM-
BOLE | SYMBOLE | SYMBOLE |
SYMBOLE | SYMBOLE | SYM-
BOLE | SYMBOLE | SYMBOLE |
SYMBOLE | SYMBOLE | SYM-
BOLE | SYMBOLE | SYMBOLE

BOLE | SYMBOLE | SYMBOLE |
SYMBOLE | SYMBOLE | SYM-
BOLE | SYMBOLE | SYMBOLE |
SYMBOLE | SYMBOLE | SYM-
BOLE | SYMBOLE | SYMBOLE |
SYMBOLE | SYMBOLE | SYM-
BOLE | SYMBOLE | SYMBOLE |
SYMBOLE | SYMBOLE | SYM-
BOLE | SYMBOLE | SYMBOLE

BOLE | SYMBOLE | SYMBOLE |
SYMBOLE | SYMBOLE | SYM-
BOLE | SYMBOLE | SYMBOLE |
SYMBOLE | SYMBOLE | SYM-
BOLE | SYMBOLE | SYMBOLE |
SYMBOLE | SYMBOLE | SYM-
BOLE | SYMBOLE | SYMBOLE |
SYMBOLE | SYMBOLE | SYM-
BOLE | SYMBOLE | SYMBOLE

BOLE | SYMBOLE | SYMBOLE |
SYMBOLE | SYMBOLE | SYM-
BOLE | SYMBOLE | SYMBOLE |
SYMBOLE | SYMBOLE | SYM-
BOLE | SYMBOLE | SYMBOLE |
SYMBOLE | SYMBOLE | SYM-
BOLE | SYMBOLE | SYMBOLE |
SYMBOLE | SYMBOLE | SYM-
BOLE | SYMBOLE | SYMBOLE

BOLE | SYMBOLE | SYMBOLE |
SYMBOLE | SYMBOLE | SYM-
BOLE | SYMBOLE | SYMBOLE |
SYMBOLE | SYMBOLE | SYM-
BOLE | SYMBOLE | SYMBOLE |
SYMBOLE | SYMBOLE | SYM-
BOLE | SYMBOLE | SYMBOLE |
SYMBOLE | SYMBOLE | SYM-
BOLE | SYMBOLE | SYMBOLE

BOLE | SYMBOLE | SYMBOLE |
SYMBOLE | SYMBOLE | SYM-
BOLE | SYMBOLE | SYMBOLE |
SYMBOLE | SYMBOLE | SYM-
BOLE | SYMBOLE | SYMBOLE |
SYMBOLE | SYMBOLE | SYM-
BOLE | SYMBOLE | SYMBOLE |
SYMBOLE | SYMBOLE | SYM-
BOLE | SYMBOLE | SYMBOLE

BOLE | SYMBOLE | SYMBOLE |
SYMBOLE | SYMBOLE | SYM-
BOLE | SYMBOLE | SYMBOLE |
SYMBOLE | SYMBOLE | SYM-
BOLE | SYMBOLE | SYMBOLE |
SYMBOLE | SYMBOLE | SYM-
BOLE | SYMBOLE | SYMBOLE |
SYMBOLE | SYMBOLE | SYM-
BOLE | SYMBOLE | SYMBOLE

BOLE | SYMBOLE | SYMBOLE |
SYMBOLE | SYMBOLE | SYM-
BOLE | SYMBOLE | SYMBOLE |
SYMBOLE | SYMBOLE | SYM-
BOLE | SYMBOLE | SYMBOLE |
SYMBOLE | SYMBOLE | SYM-
BOLE | SYMBOLE | SYMBOLE |
SYMBOLE | SYMBOLE | SYM-
BOLE | SYMBOLE | SYMBOLE

BOLE | SYMBOLE | SYMBOLE |
SYMBOLE | SYMBOLE | SYM-
BOLE | SYMBOLE | SYMBOLE |
SYMBOLE | SYMBOLE | SYM-
BOLE | SYMBOLE | SYMBOLE |
SYMBOLE | SYMBOLE | SYM-
BOLE | SYMBOLE | SYMBOLE |
SYMBOLE | SYMBOLE | SYM-
BOLE | SYMBOLE | SYMBOLE

BOLE | SYMBOLE | SYMBOLE |
SYMBOLE | SYMBOLE | SYM-
BOLE | SYMBOLE | SYMBOLE |
SYMBOLE | SYMBOLE | SYM-
BOLE | SYMBOLE | SYMBOLE |
SYMBOLE | SYMBOLE | SYM-
BOLE | SYMBOLE | SYMBOLE |
SYMBOLE | SYMBOLE | SYM-
BOLE | SYMBOLE | SYMBOLE

BOLE | SYMBOLE | SYMBOLE |
SYMBOLE | SYMBOLE | SYM-
BOLE | SYMBOLE | SYMBOLE |
SYMBOLE | SYMBOLE | SYM-
BOLE | SYMBOLE | SYMBOLE |
SYMBOLE | SYMBOLE | SYM-
BOLE | SYMBOLE | SYMBOLE |
SYMBOLE | SYMBOLE | SYM-
BOLE | SYMBOLE | SYMBOLE

BOLE | SYMBOLE | SYMBOLE |
SYMBOLE | SYMBOLE | SYM-
BOLE | SYMBOLE | SYMBOLE |
SYMBOLE | SYMBOLE | SYM-
BOLE | SYMBOLE | SYMBOLE |
SYMBOLE | SYMBOLE | SYM-
BOLE | SYMBOLE | SYMBOLE |
SYMBOLE | SYMBOLE | SYM-
BOLE | SYMBOLE | SYMBOLE

BOLE | SYMBOLE | SYMBOLE |
SYMBOLE | SYMBOLE | SYM-
BOLE | SYMBOLE | SYMBOLE |
SYMBOLE | SYMBOLE | SYM-
BOLE | SYMBOLE | SYMBOLE |
SYMBOLE | SYMBOLE | SYM-
BOLE | SYMBOLE | SYMBOLE |
SYMBOLE | SYMBOLE | SYM-
BOLE | SYMBOLE | SYMBOLE

BOLE | SYMBOLE | SYMBOLE |
SYMBOLE | SYMBOLE | SYM-
BOLE | SYMBOLE | SYMBOLE |
SYMBOLE | SYMBOLE | SYM-
BOLE | SYMBOLE | SYMBOLE |
SYMBOLE | SYMBOLE | SYM-
BOLE | SYMBOLE | SYMBOLE |
SYMBOLE | SYMBOLE | SYM-
BOLE | SYMBOLE | SYMBOLE

BOLE | SYMBOLE | SYMBOLE |
SYMBOLE | SYMBOLE | SYM-
BOLE | SYMBOLE | SYMBOLE |
SYMBOLE | SYMBOLE | SYM-
BOLE | SYMBOLE | SYMBOLE |
SYMBOLE | SYMBOLE | SYM-
BOLE | SYMBOLE | SYMBOLE |
SYMBOLE | SYMBOLE | SYM-
BOLE | SYMBOLE | SYMBOLE

BOLE | SYMBOLE | SYMBOLE |
SYMBOLE | SYMBOLE | SYM-
BOLE | SYMBOLE | SYMBOLE |
SYMBOLE | SYMBOLE | SYM-
BOLE | SYMBOLE | SYMBOLE |
SYMBOLE | SYMBOLE | SYM-
BOLE | SYMBOLE | SYMBOLE |
SYMBOLE | SYMBOLE | SYM-
BOLE | SYMBOLE | SYMBOLE

BOLE | SYMBOLE | SYMBOLE |
SYMBOLE | SYMBOLE | SYM-
BOLE | SYMBOLE | SYMBOLE |
SYMBOLE | SYMBOLE | SYM-
BOLE | SYMBOLE | SYMBOLE |
SYMBOLE | SYMBOLE | SYM-
BOLE | SYMBOLE | SYMBOLE |
SYMBOLE | SYMBOLE | SYM-
BOLE | SYMBOLE | SYMBOLE

BOLE | SYMBOLE | SYMBOLE |
SYMBOLE | SYMBOLE | SYM-
BOLE | SYMBOLE | SYMBOLE |
SYMBOLE | SYMBOLE | SYM-
BOLE | SYMBOLE | SYMBOLE |
SYMBOLE | SYMBOLE | SYM-
BOLE | SYMBOLE | SYMBOLE |
SYMBOLE | SYMBOLE | SYM-
BOLE | SYMBOLE | SYMBOLE

BOLE | SYMBOLE | SYMBOLE |
SYMBOLE | SYMBOLE | SYM-
BOLE | SYMBOLE | SYMBOLE |
SYMBOLE | SYMBOLE | SYM-
BOLE | SYMBOLE | SYMBOLE |
SYMBOLE | SYMBOLE | SYM-
BOLE | SYMBOLE | SYMBOLE |
SYMBOLE | SYMBOLE | SYM-
BOLE | SYMBOLE | SYMBOLE

BOLE | SYMBOLE | SYMBOLE |
SYMBOLE | SYMBOLE | SYM-
BOLE | SYMBOLE | SYMBOLE |
SYMBOLE | SYMBOLE | SYM-
BOLE | SYMBOLE | SYMBOLE |
SYMBOLE | SYMBOLE | SYM-
BOLE | SYMBOLE | SYMBOLE |
SYMBOLE | SYMBOLE | SYM-
BOLE | SYMBOLE | SYMBOLE

BOLE | SYMBOLE | SYMBOLE |
SYMBOLE | SYMBOLE | SYM-
BOLE | SYMBOLE | SYMBOLE |
SYMBOLE | SYMBOLE | SYM-
BOLE | SYMBOLE | SYMBOLE |
SYMBOLE | SYMBOLE | SYM-
BOLE | SYMBOLE | SYMBOLE |
SYMBOLE | SYMBOLE | SYM-
BOLE | SYMBOLE | SYMBOLE

BOLE | SYMBOLE | SYMBOLE |
SYMBOLE | SYMBOLE | SYM-
BOLE | SYMBOLE | SYMBOLE |
SYMBOLE | SYMBOLE | SYM-
BOLE | SYMBOLE | SYMBOLE |
SYMBOLE | SYMBOLE | SYM-
BOLE | SYMBOLE | SYMBOLE |
SYMBOLE | SYMBOLE | SYM-
BOLE | SYMBOLE | SYMBOLE

BOLE | SYMBOLE | SYMBOLE |
SYMBOLE | SYMBOLE | SYM-
BOLE | SYMBOLE | SYMBOLE |
SYMBOLE | SYMBOLE | SYM-
BOLE | SYMBOLE | SYMBOLE |
SYMBOLE | SYMBOLE | SYM-
BOLE | SYMBOLE | SYMBOLE |
SYMBOLE | SYMBOLE | SYM-
BOLE | SYMBOLE | SYMBOLE

BOLE | SYMBOLE | SYMBOLE |
SYMBOLE | SYMBOLE | SYM-
BOLE | SYMBOLE | SYMBOLE |
SYMBOLE | SYMBOLE | SYM-
BOLE | SYMBOLE | SYMBOLE |
SYMBOLE | SYMBOLE | SYM-
BOLE | SYMBOLE | SYMBOLE |
SYMBOLE | SYMBOLE | SYM-
BOLE | SYMBOLE | SYMBOLE

BOLE | SYMBOLE | SYMBOLE |
SYMBOLE | SYMBOLE | SYM-
BOLE | SYMBOLE | SYMBOLE |
SYMBOLE | SYMBOLE | SYM-
BOLE | SYMBOLE | SYMBOLE |
SYMBOLE | SYMBOLE | SYM-
BOLE | SYMBOLE | SYMBOLE |
SYMBOLE | SYMBOLE | SYM-
BOLE | SYMBOLE | SYMBOLE

le pont des Arts
la Joconde
la tour Eiffel
20
CINÉMA
CINÉMA
CINÉMA
LAIT
BEURRE

BOLE | SYMBOLE | SYMBOLE |
SYMBOLE | SYMBOLE | SYM-
BOLE | SYMBOLE | SYMBOLE |
SYMBOLE | SYMBOLE | SYM-
BOLE | SYMBOLE | SYMBOLE |
SYMBOLE | SYMBOLE | SYM-
BOLE | SYMBOLE | SYMBOLE |
SYMBOLE | SYMBOLE | SYM-
BOLE | SYMBOLE | SYMBOLE

BOLE | SYMBOLE | SYMBOLE |
SYMBOLE | SYMBOLE | SYM-
BOLE | SYMBOLE | SYMBOLE |
SYMBOLE | SYMBOLE | SYM-
BOLE | SYMBOLE | SYMBOLE |
SYMBOLE | SYMBOLE | SYM-
BOLE | SYMBOLE | SYMBOLE |
SYMBOLE | SYMBOLE | SYM-
BOLE | SYMBOLE | SYMBOLE

BOLE | SYMBOLE | SYMBOLE |
SYMBOLE | SYMBOLE | SYM-
BOLE | SYMBOLE | SYMBOLE |
SYMBOLE | SYMBOLE | SYM-
BOLE | SYMBOLE | SYMBOLE |
SYMBOLE | SYMBOLE | SYM-
BOLE | SYMBOLE | SYMBOLE |
SYMBOLE | SYMBOLE | SYM-
BOLE | SYMBOLE | SYMBOLE

BOLE | SYMBOLE | SYMBOLE |
SYMBOLE | SYMBOLE | SYM-
BOLE | SYMBOLE | SYMBOLE |
SYMBOLE | SYMBOLE | SYM-
BOLE | SYMBOLE | SYMBOLE |
SYMBOLE | SYMBOLE | SYM-
BOLE | SYMBOLE | SYMBOLE |
SYMBOLE | SYMBOLE | SYM-
BOLE | SYMBOLE | SYMBOLE

BOLE | SYMBOLE | SYMBOLE |
SYMBOLE | SYMBOLE | SYM-
BOLE | SYMBOLE | SYMBOLE |
SYMBOLE | SYMBOLE | SYM-
BOLE | SYMBOLE | SYMBOLE |
SYMBOLE | SYMBOLE | SYM-
BOLE | SYMBOLE | SYMBOLE |
SYMBOLE | SYMBOLE | SYM-
BOLE | SYMBOLE | SYMBOLE

BOLE | SYMBOLE | SYMBOLE |
SYMBOLE | SYMBOLE | SYM-
BOLE | SYMBOLE | SYMBOLE |
SYMBOLE | SYMBOLE | SYM-
BOLE | SYMBOLE | SYMBOLE |
SYMBOLE | SYMBOLE | SYM-
BOLE | SYMBOLE | SYMBOLE |
SYMBOLE | SYMBOLE | SYM-
BOLE | SYMBOLE | SYMBOLE

BOLE | SYMBOLE | SYMBOLE |
SYMBOLE | SYMBOLE | SYM-
BOLE | SYMBOLE | SYMBOLE |
SYMBOLE | SYMBOLE | SYM-
BOLE | SYMBOLE | SYMBOLE |
SYMBOLE | SYMBOLE | SYM-
BOLE | SYMBOLE | SYMBOLE |
SYMBOLE | SYMBOLE | SYM-
BOLE | SYMBOLE | SYMBOLE

BOLE | SYMBOLE | SYMBOLE |
SYMBOLE | SYMBOLE | SYM-
BOLE | SYMBOLE | SYMBOLE |
SYMBOLE | SYMBOLE | SYM-
BOLE | SYMBOLE | SYMBOLE |
SYMBOLE | SYMBOLE | SYM-
BOLE | SYMBOLE | SYMBOLE |
SYMBOLE | SYMBOLE | SYM-
BOLE | SYMBOLE | SYMBOLE

BOLE | SYMBOLE | SYMBOLE |
SYMBOLE | SYMBOLE | SYM-
BOLE | SYMBOLE | SYMBOLE |
SYMBOLE | SYMBOLE | SYM-
BOLE | SYMBOLE | SYMBOLE |
SYMBOLE | SYMBOLE | SYM-
BOLE | SYMBOLE | SYMBOLE |
SYMBOLE | SYMBOLE | SYM-
BOLE | SYMBOLE | SYMBOLE

BOLE | SYMBOLE | SYMBOLE |
SYMBOLE | SYMBOLE | SYM-
BOLE | SYMBOLE | SYMBOLE |
SYMBOLE | SYMBOLE | SYM-
BOLE | SYMBOLE | SYMBOLE |
SYMBOLE | SYMBOLE | SYM-
BOLE | SYMBOLE | SYMBOLE |
SYMBOLE | SYMBOLE | SYM-
BOLE | SYMBOLE | SYMBOLE

BOLE | SYMBOLE | SYMBOLE |
SYMBOLE | SYMBOLE | SYM-
BOLE | SYMBOLE | SYMBOLE |
SYMBOLE | SYMBOLE | SYM-
BOLE | SYMBOLE | SYMBOLE |
SYMBOLE | SYMBOLE | SYM-
BOLE | SYMBOLE | SYMBOLE |
SYMBOLE | SYMBOLE | SYM-
BOLE | SYMBOLE | SYMBOLE

BOLE | SYMBOLE | SYMBOLE |
SYMBOLE | SYMBOLE | SYM-
BOLE | SYMBOLE | SYMBOLE |
SYMBOLE | SYMBOLE | SYM-
BOLE | SYMBOLE | SYMBOLE |
SYMBOLE | SYMBOLE | SYM-
BOLE | SYMBOLE | SYMBOLE |
SYMBOLE | SYMBOLE | SYM-
BOLE | SYMBOLE | SYMBOLE

BOLE | SYMBOLE | SYMBOLE |
SYMBOLE | SYMBOLE | SYM-
BOLE | SYMBOLE | SYMBOLE |
SYMBOLE | SYMBOLE | SYM-
BOLE | SYMBOLE | SYMBOLE |
SYMBOLE | SYMBOLE | SYM-
BOLE | SYMBOLE | SYMBOLE |
SYMBOLE | SYMBOLE | SYM-
BOLE | SYMBOLE | SYMBOLE

BOLE | SYMBOLE | SYMBOLE |
SYMBOLE | SYMBOLE | SYM-
BOLE | SYMBOLE | SYMBOLE |
SYMBOLE | SYMBOLE | SYM-
BOLE | SYMBOLE | SYMBOLE |
SYMBOLE | SYMBOLE | SYM-
BOLE | SYMBOLE | SYMBOLE |
SYMBOLE | SYMBOLE | SYM-
BOLE | SYMBOLE | SYMBOLE

BOLE | SYMBOLE | SYMBOLE |
SYMBOLE | SYMBOLE | SYM-
BOLE | SYMBOLE | SYMBOLE |
SYMBOLE | SYMBOLE | SYM-
BOLE | SYMBOLE | SYMBOLE |
SYMBOLE | SYMBOLE | SYM-
BOLE | SYMBOLE | SYMBOLE |
SYMBOLE | SYMBOLE | SYM-
BOLE | SYMBOLE | SYMBOLE

BOLE | SYMBOLE | SYMBOLE |
SYMBOLE | SYMBOLE | SYM-
BOLE | SYMBOLE | SYMBOLE |
SYMBOLE | SYMBOLE | SYM-
BOLE | SYMBOLE | SYMBOLE |
SYMBOLE | SYMBOLE | SYM-
BOLE | SYMBOLE | SYMBOLE |
SYMBOLE | SYMBOLE | SYM-
BOLE | SYMBOLE | SYMBOLE

BOLE | SYMBOLE | SYMBOLE |
SYMBOLE | SYMBOLE | SYM-
BOLE | SYMBOLE | SYMBOLE |
SYMBOLE | SYMBOLE | SYM-
BOLE | SYMBOLE | SYMBOLE |
SYMBOLE | SYMBOLE | SYM-
BOLE | SYMBOLE | SYMBOLE |
SYMBOLE | SYMBOLE | SYM-
BOLE | SYMBOLE | SYMBOLE

BOLE | SYMBOLE | SYMBOLE |
SYMBOLE | SYMBOLE | SYM-
BOLE | SYMBOLE | SYMBOLE |
SYMBOLE | SYMBOLE | SYM-
BOLE | SYMBOLE | SYMBOLE |
SYMBOLE | SYMBOLE | SYM-
BOLE | SYMBOLE | SYMBOLE |
SYMBOLE | SYMBOLE | SYM-
BOLE | SYMBOLE | SYMBOLE

BOLE | SYMBOLE | SYMBOLE |
SYMBOLE | SYMBOLE | SYM-
BOLE | SYMBOLE | SYMBOLE |
SYMBOLE | SYMBOLE | SYM-
BOLE | SYMBOLE | SYMBOLE |
SYMBOLE | SYMBOLE | SYM-
BOLE | SYMBOLE | SYMBOLE |
SYMBOLE | SYMBOLE | SYM-
BOLE | SYMBOLE | SYMBOLE

BOLE | SYMBOLE | SYMBOLE |
SYMBOLE | SYMBOLE | SYM-
BOLE | SYMBOLE | SYMBOLE |
SYMBOLE | SYMBOLE | SYM-
BOLE | SYMBOLE | SYMBOLE |
SYMBOLE | SYMBOLE | SYM-
BOLE | SYMBOLE | SYMBOLE |
SYMBOLE | SYMBOLE | SYM-
BOLE | SYMBOLE | SYMBOLE

BOLE | SYMBOLE | SYMBOLE |
SYMBOLE | SYMBOLE | SYM-
BOLE | SYMBOLE | SYMBOLE |
SYMBOLE | SYMBOLE | SYM-
BOLE | SYMBOLE | SYMBOLE |
SYMBOLE | SYMBOLE | SYM-
BOLE | SYMBOLE | SYMBOLE |
SYMBOLE | SYMBOLE | SYM-
BOLE | SYMBOLE | SYMBOLE

BOLE | SYMBOLE | SYMBOLE |
SYMBOLE | SYMBOLE | SYM-
BOLE | SYMBOLE | SYMBOLE |
SYMBOLE | SYMBOLE | SYM-
BOLE | SYMBOLE | SYMBOLE |
SYMBOLE | SYMBOLE | SYM-
BOLE | SYMBOLE | SYMBOLE |
SYMBOLE | SYMBOLE | SYM-
BOLE | SYMBOLE | SYMBOLE

BOLE | SYMBOLE | SYMBOLE |
SYMBOLE | SYMBOLE | SYM-
BOLE | SYMBOLE | SYMBOLE |
SYMBOLE | SYMBOLE | SYM-
BOLE | SYMBOLE | SYMBOLE |
SYMBOLE | SYMBOLE | SYM-
BOLE | SYMBOLE | SYMBOLE |
SYMBOLE | SYMBOLE | SYM-
BOLE | SYMBOLE | SYMBOLE

BOLE | SYMBOLE | SYMBOLE |
SYMBOLE | SYMBOLE | SYM-
BOLE | SYMBOLE | SYMBOLE |
SYMBOLE | SYMBOLE | SYM-
BOLE | SYMBOLE | SYMBOLE |
SYMBOLE | SYMBOLE | SYM-
BOLE | SYMBOLE | SYMBOLE |
SYMBOLE | SYMBOLE | SYM-
BOLE | SYMBOLE | SYMBOLE

BOLE | SYMBOLE | SYMBOLE |
SYMBOLE | SYMBOLE | SYM-
BOLE | SYMBOLE | SYMBOLE |
SYMBOLE | SYMBOLE | SYM-
BOLE | SYMBOLE | SYMBOLE |
SYMBOLE | SYMBOLE | SYM-
BOLE | SYMBOLE | SYMBOLE |
SYMBOLE | SYMBOLE | SYM-
BOLE | SYMBOLE | SYMBOLE

BOLE | SYMBOLE | SYMBOLE |
SYMBOLE | SYMBOLE | SYM-
BOLE | SYMBOLE | SYMBOLE |
SYMBOLE | SYMBOLE | SYM-
BOLE | SYMBOLE | SYMBOLE |
SYMBOLE | SYMBOLE | SYM-
BOLE | SYMBOLE | SYMBOLE |
SYMBOLE | SYMBOLE | SYM-
BOLE | SYMBOLE | SYMBOLE

BOLE | SYMBOLE | SYMBOLE |
SYMBOLE | SYMBOLE | SYM-
BOLE | SYMBOLE | SYMBOLE |
SYMBOLE | SYMBOLE | SYM-
BOLE | SYMBOLE | SYMBOLE |
SYMBOLE | SYMBOLE | SYM-
BOLE | SYMBOLE | SYMBOLE |
SYMBOLE | SYMBOLE | SYM-
BOLE | SYMBOLE | SYMBOLE

BOLE | SYMBOLE | SYMBOLE |
SYMBOLE | SYMBOLE | SYM-
BOLE | SYMBOLE | SYMBOLE |
SYMBOLE | SYMBOLE | SYM-
BOLE | SYMBOLE | SYMBOLE |
SYMBOLE | SYMBOLE | SYM-
BOLE | SYMBOLE | SYMBOLE |
SYMBOLE | SYMBOLE | SYM-
BOLE | SYMBOLE | SYMBOLE

BOLE | SYMBOLE | SYMBOLE |
SYMBOLE | SYMBOLE | SYM-
BOLE | SYMBOLE | SYMBOLE |
SYMBOLE | SYMBOLE | SYM-
BOLE | SYMBOLE | SYMBOLE |
SYMBOLE | SYMBOLE | SYM-
BOLE | SYMBOLE | SYMBOLE |
SYMBOLE | SYMBOLE | SYM-
BOLE | SYMBOLE | SYMBOLE

BOLE | SYMBOLE | SYMBOLE |
SYMBOLE | SYMBOLE | SYM-
BOLE | SYMBOLE | SYMBOLE |
SYMBOLE | SYMBOLE | SYM-
BOLE | SYMBOLE | SYMBOLE |
SYMBOLE | SYMBOLE | SYM-
BOLE | SYMBOLE | SYMBOLE |
SYMBOLE | SYMBOLE | SYM-
BOLE | SYMBOLE | SYMBOLE

BOLE | SYMBOLE | SYMBOLE |
SYMBOLE | SYMBOLE | SYM-
BOLE | SYMBOLE | SYMBOLE |
SYMBOLE | SYMBOLE | SYM-
BOLE | SYMBOLE | SYMBOLE |
SYMBOLE | SYMBOLE | SYM-
BOLE | SYMBOLE | SYMBOLE |
SYMBOLE | SYMBOLE | SYM-
BOLE | SYMBOLE | SYMBOLE

BOLE | SYMBOLE | SYMBOLE |
SYMBOLE | SYMBOLE | SYM-
BOLE | SYMBOLE | SYMBOLE |
SYMBOLE | SYMBOLE | SYM-
BOLE | SYMBOLE | SYMBOLE |
SYMBOLE | SYMBOLE | SYM-
BOLE | SYMBOLE | SYMBOLE |
SYMBOLE | SYMBOLE | SYM-
BOLE | SYMBOLE | SYMBOLE

BOLE | SYMBOLE | SYMBOLE |
SYMBOLE | SYMBOLE | SYM-
BOLE | SYMBOLE | SYMBOLE |
SYMBOLE | SYMBOLE | SYM-
BOLE | SYMBOLE | SYMBOLE |
SYMBOLE | SYMBOLE | SYM-
BOLE | SYMBOLE | SYMBOLE |
SYMBOLE | SYMBOLE | SYM-
BOLE | SYMBOLE | SYMBOLE

BOLE | SYMBOLE | SYMBOLE |
SYMBOLE | SYMBOLE | SYM-
BOLE | SYMBOLE | SYMBOLE |
SYMBOLE | SYMBOLE | SYM-
BOLE | SYMBOLE | SYMBOLE |
SYMBOLE | SYMBOLE | SYM-
BOLE | SYMBOLE | SYMBOLE |
SYMBOLE | SYMBOLE | SYM-
BOLE | SYMBOLE | SYMBOLE

BOLE | SYMBOLE | SYMBOLE |
SYMBOLE | SYMBOLE | SYM-
BOLE | SYMBOLE | SYMBOLE |
SYMBOLE | SYMBOLE | SYM-
BOLE | SYMBOLE | SYMBOLE |
SYMBOLE | SYMBOLE | SYM-
BOLE | SYMBOLE | SYMBOLE |
SYMBOLE | SYMBOLE | SYM-
BOLE | SYMBOLE | SYMBOLE

Pourquoi est-ce que ___ ?	Quand est-ce que ___ ?	Qui (est-ce qui) ___ ?	Comment est-ce que ___ ?	Combien est-ce que ___ ?	Avec qui est-ce que ___ ?
Et chez toi, est-ce que ___ ?	Est-ce que tu voudrais ___ ?	Quel jour est-ce que ___ ?	À quelle heure est-ce que ___ ?	Est-ce que tu aimes ___ ?	Pour qui est-ce que ___ ?
Qu'est-ce qui ___ ?	Qui est-ce que ___ ?	Qu'est-ce que ___ ?	Est-ce que tu pourrais + *infinitif*?	Est-ce que tu veux ___ ?	Est-ce que tu préfères ___ ?
Quel/quelle/quels/quelles ___ est-ce que ___ ?	À quel/quelle ___ est-ce que ___ ?	Avec quel/quelle/quels/quelles ___ est-ce que ___ ?	Pour quel/quelle/quels/quelles ___ est-ce que ___ ?	De quel/quelle/quels/quelles ___ est-ce que ___ ?	Est-ce que vous voulez ___ ?

N'importe quoi! Ce n'est pas vrai. Si, justement.	À ta place, je (ferais/dirais/serais, mettrais/___) ___ .
Il s'agit de ___ . / C'est comme ___ .	Et si on (restait/faisait/___) ___ ? Qu'est-ce que tu en penses / vous en pensez?
Pardon, qu'est-ce que tu as / vous avez dit? Pourrais-tu / Pourriez-vous répéter la phrase?	Désolé/e, je n'ai pas (bien) compris le mot ___ / la question.
Je pense que ___ . / Je crois que ___ . Je trouve que ___ . / À mon avis, ___ .	Je (ne) suis (pas) d'accord (avec toi/vous). Tu (n') as (pas) raison. Par contre, ___ .
Comme ___ , ___ . ___ parce que ___ . De plus, ___ .	Est-ce que vous pouvez expliquer le mot / la phrase ___ , s'il vous plaît?
C'est vrai, mais ___ . Ça dépend de ___ . Je ne suis pas sûr/e.	Un instant, s'il vous plaît. Je cherche un exemple / un mot / ___ .
C'est un objet en ___ / qui sert à ___ / qu'on utilise pour ___ .	Moi, je préfère ___ . Je suis pour/contre ___ .

QUESTION | QUES- QUESTION | QUES- QUESTION | QUES- QUESTION | QUES- QUESTION | QUES- QUESTION | QUES-
TION | QUESTION | TION | QUESTION | TION | QUESTION | TION | QUESTION | TION | QUESTION | TION | QUESTION |
QUESTION | QUES- QUESTION | QUES- QUESTION | QUES- QUESTION | QUES- QUESTION | QUES- QUESTION | QUES-
TION | QUESTION | TION | QUESTION | TION | QUESTION | TION | QUESTION | TION | QUESTION | TION | QUESTION |
QUESTION | QUES- QUESTION | QUES- QUESTION | QUES- QUESTION | QUES- QUESTION | QUES- QUESTION | QUES-
TION | QUESTION | TION | QUESTION | TION | QUESTION | TION | QUESTION | TION | QUESTION | TION | QUESTION |

QUESTION | QUES- QUESTION | QUES- QUESTION | QUES- QUESTION | QUES- QUESTION | QUES- QUESTION | QUES-
TION | QUESTION | TION | QUESTION | TION | QUESTION | TION | QUESTION | TION | QUESTION | TION | QUESTION |
QUESTION | QUES- QUESTION | QUES- QUESTION | QUES- QUESTION | QUES- QUESTION | QUES- QUESTION | QUES-
TION | QUESTION | TION | QUESTION | TION | QUESTION | TION | QUESTION | TION | QUESTION | TION | QUESTION |
QUESTION | QUES- QUESTION | QUES- QUESTION | QUES- QUESTION | QUES- QUESTION | QUES- QUESTION | QUES-
TION | QUESTION | TION | QUESTION | TION | QUESTION | TION | QUESTION | TION | QUESTION | TION | QUESTION |

QUESTION | QUES- QUESTION | QUES- QUESTION | QUES- QUESTION | QUES- QUESTION | QUES- QUESTION | QUES-
TION | QUESTION | TION | QUESTION | TION | QUESTION | TION | QUESTION | TION | QUESTION | TION | QUESTION |
QUESTION | QUES- QUESTION | QUES- QUESTION | QUES- QUESTION | QUES- QUESTION | QUES- QUESTION | QUES-
TION | QUESTION | TION | QUESTION | TION | QUESTION | TION | QUESTION | TION | QUESTION | TION | QUESTION |
QUESTION | QUES- QUESTION | QUES- QUESTION | QUES- QUESTION | QUES- QUESTION | QUES- QUESTION | QUES-
TION | QUESTION | TION | QUESTION | TION | QUESTION | TION | QUESTION | TION | QUESTION | TION | QUESTION |

QUESTION | QUES- QUESTION | QUES- QUESTION | QUES- QUESTION | QUES- QUESTION | QUES- QUESTION | QUES-
TION | QUESTION | TION | QUESTION | TION | QUESTION | TION | QUESTION | TION | QUESTION | TION | QUESTION |
QUESTION | QUES- QUESTION | QUES- QUESTION | QUES- QUESTION | QUES- QUESTION | QUES- QUESTION | QUES-
TION | QUESTION | TION | QUESTION | TION | QUESTION | TION | QUESTION | TION | QUESTION | TION | QUESTION |
QUESTION | QUES- QUESTION | QUES- QUESTION | QUES- QUESTION | QUES- QUESTION | QUES- QUESTION | QUES-
TION | QUESTION | TION | QUESTION | TION | QUESTION | TION | QUESTION | TION | QUESTION | TION | QUESTION |

BOUÉE | BOUÉE | BOUÉE | BOUÉE | BOUÉE | BOUÉE | BOUÉE | BOUÉE | BOUÉE | BOUÉE | BOUÉE | BOUÉE | BOUÉE | BOUÉE | BOUÉE | BOUÉE |
BOUÉE | BOUÉE | BOUÉE | | BOUÉE | BOUÉE | BOUÉE | BOUÉE | BOUÉE | BOUÉE | | BOUÉE | BOUÉE | BOUÉE |
BOUÉE | BOUÉE | BOUÉE | | BOUÉE | BOUÉE | BOUÉE | BOUÉE | BOUÉE | BOUÉE | | BOUÉE | BOUÉE | BOUÉE |
BOUÉE | BOUÉE | BOUÉE | | BOUÉE | BOUÉE | BOUÉE | BOUÉE | BOUÉE | BOUÉE | | BOUÉE | BOUÉE | BOUÉE |
BOUÉE | BOUÉE | BOUÉE | BOUÉE | BOUÉE | BOUÉE | BOUÉE | BOUÉE | BOUÉE | BOUÉE | BOUÉE | BOUÉE | BOUÉE | BOUÉE | BOUÉE | BOUÉE |

BOUÉE | BOUÉE | BOUÉE | BOUÉE | BOUÉE | BOUÉE | BOUÉE | BOUÉE | BOUÉE | BOUÉE | BOUÉE | BOUÉE | BOUÉE | BOUÉE | BOUÉE | BOUÉE |
BOUÉE | BOUÉE | BOUÉE | | BOUÉE | BOUÉE | BOUÉE | BOUÉE | BOUÉE | BOUÉE | | BOUÉE | BOUÉE | BOUÉE |
BOUÉE | BOUÉE | BOUÉE | | BOUÉE | BOUÉE | BOUÉE | BOUÉE | BOUÉE | BOUÉE | | BOUÉE | BOUÉE | BOUÉE |
BOUÉE | BOUÉE | BOUÉE | | BOUÉE | BOUÉE | BOUÉE | BOUÉE | BOUÉE | BOUÉE | | BOUÉE | BOUÉE | BOUÉE |
BOUÉE | BOUÉE | BOUÉE | BOUÉE | BOUÉE | BOUÉE | BOUÉE | BOUÉE | BOUÉE | BOUÉE | BOUÉE | BOUÉE | BOUÉE | BOUÉE | BOUÉE | BOUÉE |

BOUÉE | BOUÉE | BOUÉE | BOUÉE | BOUÉE | BOUÉE | BOUÉE | BOUÉE | BOUÉE | BOUÉE | BOUÉE | BOUÉE | BOUÉE | BOUÉE | BOUÉE | BOUÉE |
BOUÉE | BOUÉE | BOUÉE | | BOUÉE | BOUÉE | BOUÉE | BOUÉE | BOUÉE | BOUÉE | | BOUÉE | BOUÉE | BOUÉE |
BOUÉE | BOUÉE | BOUÉE | | BOUÉE | BOUÉE | BOUÉE | BOUÉE | BOUÉE | BOUÉE | | BOUÉE | BOUÉE | BOUÉE |
BOUÉE | BOUÉE | BOUÉE | | BOUÉE | BOUÉE | BOUÉE | BOUÉE | BOUÉE | BOUÉE | | BOUÉE | BOUÉE | BOUÉE |
BOUÉE | BOUÉE | BOUÉE | BOUÉE | BOUÉE | BOUÉE | BOUÉE | BOUÉE | BOUÉE | BOUÉE | BOUÉE | BOUÉE | BOUÉE | BOUÉE | BOUÉE | BOUÉE |

BOUÉE | BOUÉE | BOUÉE | BOUÉE | BOUÉE | BOUÉE | BOUÉE | BOUÉE | BOUÉE | BOUÉE | BOUÉE | BOUÉE | BOUÉE | BOUÉE | BOUÉE | BOUÉE |
BOUÉE | BOUÉE | BOUÉE | | BOUÉE | BOUÉE | BOUÉE | BOUÉE | BOUÉE | BOUÉE | | BOUÉE | BOUÉE | BOUÉE |
BOUÉE | BOUÉE | BOUÉE | | BOUÉE | BOUÉE | BOUÉE | BOUÉE | BOUÉE | BOUÉE | | BOUÉE | BOUÉE | BOUÉE |
BOUÉE | BOUÉE | BOUÉE | | BOUÉE | BOUÉE | BOUÉE | BOUÉE | BOUÉE | BOUÉE | | BOUÉE | BOUÉE | BOUÉE |
BOUÉE | BOUÉE | BOUÉE | BOUÉE | BOUÉE | BOUÉE | BOUÉE | BOUÉE | BOUÉE | BOUÉE | BOUÉE | BOUÉE | BOUÉE | BOUÉE | BOUÉE | BOUÉE |

BOUÉE | BOUÉE | BOUÉE | BOUÉE | BOUÉE | BOUÉE | BOUÉE | BOUÉE | BOUÉE | BOUÉE | BOUÉE | BOUÉE | BOUÉE | BOUÉE | BOUÉE | BOUÉE |
BOUÉE | BOUÉE | BOUÉE | | BOUÉE | BOUÉE | BOUÉE | BOUÉE | BOUÉE | BOUÉE | | BOUÉE | BOUÉE | BOUÉE |
BOUÉE | BOUÉE | BOUÉE | | BOUÉE | BOUÉE | BOUÉE | BOUÉE | BOUÉE | BOUÉE | | BOUÉE | BOUÉE | BOUÉE |
BOUÉE | BOUÉE | BOUÉE | | BOUÉE | BOUÉE | BOUÉE | BOUÉE | BOUÉE | BOUÉE | | BOUÉE | BOUÉE | BOUÉE |
BOUÉE | BOUÉE | BOUÉE | BOUÉE | BOUÉE | BOUÉE | BOUÉE | BOUÉE | BOUÉE | BOUÉE | BOUÉE | BOUÉE | BOUÉE | BOUÉE | BOUÉE | BOUÉE |

BOUÉE | BOUÉE | BOUÉE | BOUÉE | BOUÉE | BOUÉE | BOUÉE | BOUÉE | BOUÉE | BOUÉE | BOUÉE | BOUÉE | BOUÉE | BOUÉE | BOUÉE | BOUÉE |
BOUÉE | BOUÉE | BOUÉE | | BOUÉE | BOUÉE | BOUÉE | BOUÉE | BOUÉE | BOUÉE | | BOUÉE | BOUÉE | BOUÉE |
BOUÉE | BOUÉE | BOUÉE | | BOUÉE | BOUÉE | BOUÉE | BOUÉE | BOUÉE | BOUÉE | | BOUÉE | BOUÉE | BOUÉE |
BOUÉE | BOUÉE | BOUÉE | | BOUÉE | BOUÉE | BOUÉE | BOUÉE | BOUÉE | BOUÉE | | BOUÉE | BOUÉE | BOUÉE |
BOUÉE | BOUÉE | BOUÉE | BOUÉE | BOUÉE | BOUÉE | BOUÉE | BOUÉE | BOUÉE | BOUÉE | BOUÉE | BOUÉE | BOUÉE | BOUÉE | BOUÉE | BOUÉE |

BOUÉE | BOUÉE | BOUÉE | BOUÉE | BOUÉE | BOUÉE | BOUÉE | BOUÉE | BOUÉE | BOUÉE | BOUÉE | BOUÉE | BOUÉE | BOUÉE | BOUÉE | BOUÉE |
BOUÉE | BOUÉE | BOUÉE | | BOUÉE | BOUÉE | BOUÉE | BOUÉE | BOUÉE | BOUÉE | | BOUÉE | BOUÉE | BOUÉE |
BOUÉE | BOUÉE | BOUÉE | | BOUÉE | BOUÉE | BOUÉE | BOUÉE | BOUÉE | BOUÉE | | BOUÉE | BOUÉE | BOUÉE |
BOUÉE | BOUÉE | BOUÉE | | BOUÉE | BOUÉE | BOUÉE | BOUÉE | BOUÉE | BOUÉE | | BOUÉE | BOUÉE | BOUÉE |
BOUÉE | BOUÉE | BOUÉE | BOUÉE | BOUÉE | BOUÉE | BOUÉE | BOUÉE | BOUÉE | BOUÉE | BOUÉE | BOUÉE | BOUÉE | BOUÉE | BOUÉE | BOUÉE |

Bienvenue sur le continent africain

VOLET 1

Lire et comprendre

1 **Vrai ou faux? Coche la bonne réponse, puis corrige les phrases fausses dans ton cahier. Regarde aussi les cartes!** (▶Textes et cartes, p. 64–65)

	vrai	faux
1. L'Asie est plus peuplée que l'Afrique.	☐	☐
2. Presque tous les Africains parlent français.	☐	☐
3. Dans beaucoup de pays francophones, on parle français à l'école.	☐	☐
4. Aujourd'hui, l'Afrique compte plus de 90 % des jeunes francophones de 15 à 29 ans dans le monde.	☐	☐
5. Le français est la langue officielle de l'Algérie.	☐	☐
6. La Tunisie compte plus de 50 % de francophones.	☐	☐
7. En 1937, la Côte d'Ivoire était anglaise.	☐	☐

2 **a** **Relis le texte, p. 64, puis complète la fiche d'identité du Maroc.**

Le Maroc

___Le Maroc___ se trouve dans le nord de l'Afrique, ___au Maghreb___. La capitale est ______________. ______________ compte ______________ d'habitants. On y parle ______________, ______________, ______________ et ______________. ______________ a colonisé le Maroc. Les ressources du Maroc sont ______________, ______________ et ______________.

Koop

b **À toi! Choisis le Sénégal, la Côte d'Ivoire ou l'Algérie. Écris le texte sous forme de fiche d'identité dans ton cahier. Puis, présente-le à ton partenaire. Utilise le texte de a comme modèle.** (▶Textes, p. 64–65)

Vocabulaire et expression

3 **Un peu de statistiques! Exprime autrement les parties soulignées.**
(▶Liste des mots, p. 162–164, Méthodes, p. 126/20)

1. La plupart des Africains parlent une autre langue. ___La majorité___
2. Un quart de la population mondiale sera africaine en 2050. ______________
3. Environ 50 % des francophones dans le monde vivent en Afrique. ______________
4. Les trois quarts des jeunes Africains aimeraient monter leur propre entreprise. ______________
5. Un tiers des immigrés qui vivent en France viennent du Maghreb. ______________
6. Plus de 65 % des Africains subsahariens ont moins de 25 ans. ______________

4 **a** Choisis un de ces pays pour le présenter à ton/ta partenaire. Utilise ces diagrammes et ces mots-clés pour présenter ce pays. Écris dans ton cahier. (▶ Méthodes, p. 126/20, Repères, p. 78)

LA POPULATION DE LA CÔTE D'IVOIRE

LA POPULATION DE L'ALGÉRIE

D'après: www. statistiques-mondiales.com

1 **être musulman** Moslem sein

b Présente le pays que tu as choisi à ton/ta partenaire.

5 a Complète la grille par des noms de ressources, de matières et de matériaux. **(▶ Liste des mots, p. 162–164)**

> Le Maroc est un des pays qui consomme[1] le plus de sucre au monde: 37 kg par an et par habitant.

On a besoin de **1** pour faire les gâteaux et les desserts.
Les feuilles des cahiers et des livres sont en **2**.
L' **3** est un métal blanc – le plus blanc de tous les métaux – avec lequel on fait des bijoux[2].
L' **4** est un métal jaune avec lequel on fait des bijoux.
En général, les jeans et les tee-shirts sont en **5**.
Le **6** naturel est fait avec le jus d'un arbre qu'on appelle «hévéa».
Le **7** est une ressource naturelle avec laquelle on fait des tables, des armoires et des instruments de musique, par exemple.
Le **8** est un métal gris avec lequel on fait des boîtes, par exemple.
On a besoin de **9** pour faire l'essence[3] et le **10**, par exemple.
Le **11** sert, par exemple, à faire la cuisine.
La Chine est le plus grand producteur du monde de **12**.
En Afrique, on utilise beaucoup d' **13** dans la cuisine.
Le **14** sert à faire des bouteilles ou des verres, par exemple.
On a besoin de **15** pour faire le chocolat.
On utilise le **16** pour conserver la charcuterie, par exemple.
Au petit-déjeuner, on boit le **17** noir ou avec du lait.

1 consommer qc etw. verbrauchen **2 les bijoux** *m. pl.* der Schmuck **3 l'essence** *f.* das Benzin

b Trouve, à l'aide des lettres dans les cases bleues, le nom d'une plante avec laquelle on fait de l'huile. ______________

6 Écris une légende pour chacune de ces photos. Utilise aussi le vocabulaire du VOLET 1. **(▶ Liste des mots, p. 162–164)**

1

© Shutterstock/Natalia Bratslavsky

le coton,
une ressource
du Sénégal

4

© Fotolia/bit24

2

© Fotolia/beatrice prève

5

© Fotolia/Elena Moiseeva

3

© Fotolia/Harald Biebel

6

© Corbis/Jack Burlot

VOLET 2

Lire et comprendre

1 **Lis les textes, p. 68–69, note si c'est vrai ou faux. Justifie ta réponse. Puis corrige les phrases fausses dans ton cahier. Note à chaque fois la ligne où tu as trouvé l'information correcte.**

	vrai	faux
1. Le chanteur ivoirien Tiken Jah Fakoly vit au Mali parce que c'est un pays de musiciens.	☐	☐
2. Ses chansons engagées parlent de la corruption et des problèmes dans le monde.	☐	☐
3. Il pense que la jeunesse africaine est l'Afrique de demain et que c'est aux Africains de changer les choses en Afrique.	☐	☐
4. L'actrice marocaine Fatym Layachi est une idole pour les femmes modernes et libres au Maroc.	☐	☐
5. Elle pense qu'il faut accepter les choses comme elles sont pour ne pas avoir de problèmes.	☐	☐
6. Depuis son enfance, l'Ivoirienne Marguerite Abouet a toujours voulu écrire des bédés.	☐	☐
7. «Aya de Yopougon» raconte l'histoire d'un quartier d'Abidjan où il fait bon vivre.	☐	☐
8. Marguerite Abouet a fondé l'association «Des livres pour tous» pour permettre à tous les enfants africains de lire.	☐	☐

Vocabulaire et expression

2 **Voici un article sur les chanteurs Amadou et Mariam, mais il manque des informations. Complète le texte.** (▶ Liste des mots, p. 68–69)

de rock et de musique traditionnelle malienne — sont nés
des problèmes de l'Afrique — ils ont décidé de chanter
ils sont devenus des stars — une Afrique où il fait bon vivre
leur passion est la musique — ils se sont installés
ils sont devenus célèbres — se sont rencontrés en 1975

© Photoshot / Starstock / Ian Cavan

Amadou et Mariam ______________________ à Bamako, au Mali. Ils sont tous les deux devenus aveugles[1] quand ils étaient enfants. Depuis toujours, ____. Amadou et Mariam ____ à Bamako où ils jouaient dans le même groupe de musique. Ils se sont mariés en 1980 et ______________________ ______________________________ ensemble. En 1986, ___________________________________ en Côte d'Ivoire. En 1994, ____ avec leur titre «Je pense à toi». Dans les années 2000, ____ en Europe et aux États-Unis. Leur musique est un mélange ____ ______________________________. Leurs chansons parlent ____, mais aussi de la vie quotidienne dans ____.

1 **aveugle** blind

Grammaire

3 **Complète les phrases par des formes au plus-que-parfait.** **(▶ Repères, p. 78/1)**

1. À 12 ans, Marguerite Abouet est partie en France parce que ses parents ______________________ *(décider)* de l'envoyer chez un oncle à Paris.

2. Avant d'écrire des romans, elle ______________________ *(faire)* du baby-sitting et elle ______________________ *(travailler)* comme serveuse pendant plusieurs années.

3. Quand elle a rencontré le dessinateur Clément Oubrerie, il ______________________ (déjà *dessiner*) plusieurs bédés.

4. Comme il ______________________ (ne jamais *aller*) en Afrique, il ______________________ *(vouloir)* passer quelques mois à Yopougon avant de dessiner «Aya de Yopougon».

5. En 2010 Marguerite Abouet a créé la bédé «Akissi» parce que «Aya de Yopougon», qui ______________________ *(sortir)* en librairie quatre ans plus tôt, a eu un grand succès.

4 **Yao et Kéita rendent visite à leurs cousins, en Côte d'Ivoire. Termine ces phrases. Utilise le plus-que-parfait.** **(▶ Repères, p. 78/1)**

1. Quand on est arrivés à l'arrêt de car de l'Opéra, le car ______________________.

2. Pendant tout le voyage, on n'a pas dormi ______________________.

3. À Abidjan, on a dû prendre le car ______________________.

4. Mais on a dû retourner d'où on venait ______________________.

5. Quand on est arrivés chez nos cousins, ______________________.

6. Nos cousins n'étaient pas chez eux ______________________.

5 Marie passe des vacances en Côte d'Ivoire. Elle a écrit à sa meilleure amie. Complète le texte par des formes au passé composé *(5x)*, à l'imparfait *(5x)* ou au plus-que-parfait *(3x)*.

arriver *avoir* ne pas se *baigner* *comprendre* *devoir* *être* (3x) *faire* *partir* *pleuvoir* *sortir* *visiter*

Chère Lucie,

On ________ ici il y a une semaine déjà, mais il me semble que c'________ hier. Quand on ________ de l'avion, j'________ fatiguée parce qu'il ________ très chaud et que le voyage ________ long. À l'aéroport de Roissy, on ________ attendre quatre heures, je ne sais pas pourquoi. Les deux premiers jours, on ________ Abidjan: Treicheville, qui est un quartier super animé et Cocody, le quartier où habitent les amis de mes parents. Au début, je ne ________ pas facilement les gens à cause de leur accent, mais maintenant ça va. J'________ aussi du mal avec le climat, mais là aussi, ça va beaucoup mieux. Après ces deux jours, on ________ à San Pedro, sur le golfe de Guinée. Là-bas, il y a des plages immenses, mais je ________ qu'une seule fois parce que la mer est dangereuse. Et la plage n'________ pas très belle parce qu'il ________ pendant des semaines avant notre arrivée. Je te raconterai le reste à mon retour.

Bises, Marie

Écouter et comprendre

CD 11 **6** Vrai ou faux? Après un concert de Tiken Jah Fakoly, un journaliste a interviewé le public. Lis d'abord les phrases, puis écoute l'interview et coche la bonne réponse.

	vrai	faux
1. Un des albums de Tiken Jah Fakoly s'appelle «Dernier Appel».	☐	☐
2. Tiken Jah Fakoly dit que l'Afrique est unie et forte.	☐	☐
3. Il chante que l'avenir de l'Afrique se fera par les Européens.	☐	☐
4. Dans ses chansons, il critique souvent l'immigration de l'Afrique vers l'Europe.	☐	☐
5. Il parle des problèmes des grandes villes de l'Afrique.	☐	☐
6. Pour lui, trop de jeunes Africains quittent la campagne.	☐	☐
7. Il a travaillé aux champs pendant un an.	☐	☐
8. Il chante maintenant sur des rythmes de reggae avec des instruments africains.	☐	☐

Écrire

7 a Innocent (c'est le jeune à la chemise rouge) est un jeune Ivoirien qui vit à Paris. Il va prendre le métro. Décris la situation dans ton cahier.

s'entretuer sich gegenseitig umbringen **saigner** bluten

Marguerite Abouet, Clément Oubrerie «Aya de Yopougon», tome 4, Éditions Gallimard Jeunesse, 2008, S. 76

b Imagine une suite à cette situation. Écris un dialogue entre le chanteur et Innocent dans ton cahier. Tiens compte de ce que tu as déjà appris sur l'Afrique et relis les paroles de la chanson «Viens voir», p. 71.

VOLET 3

Lire et comprendre

1 **Qu'est-ce que tu apprends dans le blog de Boubacar? Réponds à ces questions dans ton cahier.** **(▶ Texte, p. 72–73, Petit dictionnaire de civilisation, p. 134–146)**

1. Quelles sont les spécialités sénégalaises dont parle Boubacar dans son blog?
2. Comment s'appelle ce poète et homme politique sénégalais dont un grand stade de Dakar porte le nom?
3. Quelles sont les équipes de foot africaines dont parle Boubacar?
4. Comment s'appelle ce lac au nord de Dakar dont l'eau est vraiment rose?

2 a **Relis le texte, puis note tout ce que tu apprends sur la ville de Dakar dans ton cahier. Indique la ligne.** **(▶ Texte, p. 72–73)**

1 la Médina
© VISUM / Panos Pictures / Jacob Silberberg

2 le Plateau
© Corbis / Photononstop / Nicolas Thibaut

3 la place de l'Indépendance
© mauritius images / Author's Image

4 le marché de Sandaga
© mauritius images / Alamy

5 les plages de Dakar
© mauritius images / Alamy

6 le stade Léopold-Sédar-Senghor
© mauritius images / Alamy

7 l'île de Gorée
© laif / hemis.fr / Patrick Frilet

b **Explique trois traditions sénégalaises dont parle Boubacar dans son blog.** **(▶ Texte, p. 72–73)**

Vocabulaire et expression

3 a **Trouve dans le texte un mot de la même famille que ces mots. Cela peut être un nom, un verbe ou un adjectif.** **(▶ Texte, p. 72–73, Liste des mots, p. 164–167)**

arriver	______	le marchand	______
impressionner qn	______	le tourisme	______
voyager	______	l'étranger	______
la découverte	______	demain	______
le Sénégal	______	lutter	______
la balade	______	la tradition	______
indépendant/e	______	retourner	______
le lave-vaisselle	______		

b **Écris au moins six phrases avec les mots que tu as trouvés dans ton cahier.**

Grammaire

4 **Complète les phrases par des formes du verbe *accueillir* à l'infinitif, au présent, au passé composé, à l'imparfait ou au futur simple.** **(▶ Verbes, p. 140)**

1. Nos amis nous ont chanté une chanson de bienvenue pour nous ______________________.
2. Si tu vas à Marrakech, va chez mes cousins: ils t'______________________________ comme ils ______________________________ la famille!
3. Autrefois, les enfants des villages ____________________ les touristes avec des chansons.
4. Nous ________________ nos correspondants avec des spécialités de chez nous. Ça leur a plu.
5. Je suis fatigué et c'est comme ça que tu m'________________________?! Alors, je m'en vais.

5 **Complète les phrases par des formes du verbe *jeter* à l'infinitif, à l'impératif, au présent, au passé composé, à l'imparfait ou au futur simple.** **(▶ Verbes, p. 138)**

1. En France, on ________________ encore les bouteilles en plastique.
2. Autrefois, on ________________ le papier avec les déchets mais plus maintenant.
3. Je suis furieux parce que ma mère ________________ mon vieux tee-shirt préféré.
4. Quand tu sortiras, tu ________________ ce sac à la poubelle, s'il te plaît?
5. Ne ________________ pas ces vêtements, s'il vous plaît, ils peuvent encore servir.
6. Pourquoi est-ce que vous ________________ toujours vos déchets à côté de la poubelle?! Ça m'énerve!

6 **Le jour du départ, les cousins se sont dit «au revoir» à l'aéroport. Utilise le discours indirect au passé et les verbes dans la case jaune. Écris les phrases dans ton cahier.** **(▶ Repères, p. 79/2)**

confier
dire
promettre
raconter
répondre

Boubacar a dit / confié (à ses cousins) qu'il était content de rentrer à Paris __ .

1. **Boubacar**: Je suis content de rentrer à Paris, mais je suis triste de partir.
2. **Souadou**: Yerim, ma copine Binta te trouve très sympa. Elle aimerait bien aller à Paris.
3. **Yerim**: Si elle vient, je lui montrerai Paris.
4. **Kaba**: Vous devez revenir bientôt. Et il faudra venir avec vos parents! Tenez, j'ai acheté des tissus pour eux.

▶▶▶

5. **Mattar**: La prochaine fois que vous viendrez, on ira à Saint-Louis et à Thiès!
6. **Souadou**: Et on retournera à Saly, c'est promis!
7. **Yerim**: Le voyage en Casamance m'a beaucoup plu. Et les Lions du Sénégal sont vraiment une bonne équipe. Les garçons, on vous enverra des tee-shirts du Paris-Saint-Germain, c'est promis!
8. **Élimane**: Moi, j'ai été très content d'aller au concert des Daara J!
9. **Boubacar**: Moi, j'ai beaucoup appris sur le Sénégal. Et j'ai fait des progrès en wolof!
10. **Kaba**: Il est tard, il faut y aller maintenant parce que l'avion ne vous attendra pas.
11. **Yerim**: On vous appellera quand on sera à la maison.

7 **Des touristes allemands ont donné leurs impressions sur le Sénégal. Raconte ce qu'ils ont dit. Utilise le discours indirect au passé.** (▶ Repères, p. 79/2)

1. Ich bin zum „Lac rose" gefahren. Das Wasser ist wirklich rosa! Und das ist Salzwasser[1].

2. In Dakar sind die Strände nicht besonders. Sie sollten eher nach Saly fahren. Saly ist nur 80 km von Dakar entfernt. Dort gibt es wunderschöne Strände!

3. Wir haben ein sehr gutes Restaurant entdeckt. Dort gibt es den besten „tiep-bou-diene" Dakars!

4. Ich war auf „Gorée". Diese Insel ist sehr schön mit all den hübschen Häusern in warmen Farben!

5. Auch ich war dort. Ich habe das Sklavenhaus besichtigt. Aber danach wollte ich nicht mehr auf der Insel bleiben.

6. Im Nationalpark von Niokolo Koba haben wir Elefanten beobachten können.

7. Ihr habt Glück gehabt, weil man fast nie welche sieht.

1 Salzwasser **de l'eau salée**

Écouter et comprendre

CD 12 **8** **Mathilde téléphone à son copain Yerim. Vrai ou faux? Lis d'abord les phrases, puis écoute le dialogue. Coche ensuite la bonne case.**

© laif / HOA-QUI / Michel RENAUDEAU

© Shutterstock / klublu

	vrai	faux
1. Yerim se trouve encore au Sénegal.	☐	☐
2. Il a passé de bonnes vacances avec ses cousins.	☐	☐
3. Pendant leur séjour au Sénegal, Yerim et Boubacar ont voyagé.	☐	☐
4. Ils ont mangé beaucoup de poisson.	☐	☐
5. Ils ont travaillé dans un champ de riz.	☐	☐
6. Yerim explique que l'eau manque pour l'agriculture.	☐	☐
7. La Casamance est une région moche.	☐	☐
8. La Casamance est une région qui a gardé ses traditions.	☐	☐

1 **le moustique** die Mücke

Parler

9 Imagine: votre prof de français vous a demandé de choisir chacun/e deux photos pour illustrer davantage le texte. Chacun/e de vous décrit ses photos à son/sa partenaire et explique son choix.
(▶Texte, p. 72–73, Méthodes, p. 126/19)

Sur ma photo, | on voit ___ / il y a ___

La photo montre ___

Au premier plan, ___ *(im Vordergrund)*
À l'arrière-plan, ___ *(im Hintergrund)*
Au milieu, ___ *(in der Mitte)*
À gauche, ___ / À droite, ___
En haut, ___ *(oben)*
En bas, ___ *(unten)*

J'ai choisi cette photo parce que ___
Je n'ai pas voulu prendre la photo ___ parce que ___

Le marché aux poissons à Ziguinchor

Un match de foot sur l'île de Gorée

Les transports à Dakar

La plage de l'île de Gorée

Médiation

10 Lis ces règles de savoir-vivre d'un guide touristique français. Explique-les à un ami allemand / une amie allemande qui va passer ses vacances au Sénégal. Écris-lui un mail. (▶Méthodes, p. 133/33–34)

Savoir-vivre au Sénégal: Ce qu'il faut faire et ce qu'il ne faut pas faire

Chaque pays a ses habitudes, ses traditions et ses règles de savoir-vivre. Voici quelques tuyaux qui vous permettront de mieux comprendre la culture sénégalaise.

Au Sénégal, les salutations sont très importantes. Dites «bonjour» à tout le monde, même à quelqu'un que vous n'avez jamais vu et que vous ne reverrez peut-être jamais. Et n'hésitez pas à demander des nouvelles de la famille: «Et la famille, comment elle va?» Saluez les vieilles personnes avec respect.

Au Sénégal, où environ 90 % des habitants sont musulmans, il ne faut surtout pas montrer ses jambes (filles et garçons). Ça ne se fait pas. Respectez les gens et laissez vos shorts et mini-jupes à la maison.

Ce qui est bon à savoir si vous êtes invités: Les repas se prennent par terre, sur une natte, ou assis sur un petit tabouret. Souvent, on utilise seulement un grand plat pour tout le monde et on mange avec la main. Alors, avant, lavez-vous les mains et utilisez seulement votre main droite pour manger. Et enlevez vos chaussures avant de marcher sur la natte. Vous pouvez boire quelque chose seulement quand vous avez fini votre plat principal, pas avant! Si vous êtes invités, on vous donnera les meilleurs morceaux, ne les refusez pas, c'est normal, l'hospitalité d'abord! Les hommes mangent normalement en premier, les femmes et les enfants après.

La cérémonie du thé joue un grand rôle. Mais prenez bien votre temps, car si vous en prenez une tasse, il faudra que vous en preniez deux autres. Et cela peut durer plus d'une heure. Un détail important: quand vous buvez du thé, faites toujours «slurp».

Si quelqu'un vous appelle dans la rue, il vous fera «Psssst». Ne soyez pas étonnés, c'est normal.

Dans la rue, n'hésitez pas à donner un peu d'argent aux personnes qui en ont besoin (pauvres, malades). Faites-le une fois par jour et avec le sourire! Mais ne donnez rien avec la main gauche.

En Afrique, il est important de marchander quand on fait ses courses. Alors, prenez bien votre temps, car le marchandage, ce n'est pas seulement faire baisser les prix, mais c'est aussi prendre contact avec l'autre, c'est un échange, et plus on parle, mieux c'est! Mais marchandez seulement si vous voulez vraiment acheter un produit, car le marchandage n'est pas un jeu.

Enfin, n'achetez pas certains produits comme le poivre, le sel ou le piment à la tombée de la nuit. Cela porte malheur! Eh oui, au Sénégal, les gens sont assez superstitieux.

Écrire

11 **Vos correspondants français vont passer une semaine chez vous. Avant de venir, ils veulent connaître les traditions et règles de savoir-vivre ici. Écris-leur un mail. Utilise le texte de 10 comme modèle. Note au moins quatre règles. Tu peux utiliser un dictionnaire.**
(▶Méthodes, p. 121/2, Méthodes, p. 130–132/29–31)

Apprendre à apprendre

12 **Quelles sont les règles importantes pour écrire un résumé? Coche les bonnes réponses, puis corrige les phrases fausses dans ton cahier.**
(▶Méthodes, p. 132/32)

1. ☐ Un résumé est toujours aussi long que le texte original.
2. ☐ On écrit un résumé au présent.
3. ☐ On écrit un résumé à la 3e personne.
4. ☐ On cite des passages du texte.
5. ☐ On ne donne pas son avis sur le texte.
6. ☐ Dans la première phrase, on met le type de texte, le titre, l'auteur et le thème du texte.

Regarder et comprendre

DVD **13 a** **Regarde la bande-annonce de «Aya de Yopougon». Aya est le personnage principal. Qui sont les autres personnages? Tu trouveras la vidéo sur www.cornelsen.de/webcodes APLUS-4-CARNET-47.**

Ignace ______________ Adjoua ______________

Fanta ______________ Bintou ______________

b **Qu'est-ce qui rend Yop City intéressant?** ______________

c **Est-ce que la bande-annonce te donne envie de regarder le film? Pourquoi? Écris dans ton cahier et justifie ton opinion.**

1 Qu'est-ce qu'on dit?

a Tu prépares une présentation sur le Sénégal. Écris ces phrases en français dans ton cahier.

1. Sage, dass der Senegal etwa 12,5 Millionen Einwohner zählt.
2. Sage, dass die Hauptstadt Dakar sich im Westen des Landes befindet.
3. Sage, dass „la Médina" eines der am dichtesten bevölkerten Viertel Dakars ist.
4. Sage, dass die Amtssprache Französisch ist.
5. Sage, dass etwa 60 % der Bevölkerung unter 20 Jahre alt sind.
6. Sage, dass der Senegalstrom *(le fleuve Sénégal)* der wichtigste Strom des Landes ist.
7. Sage, dass der Senegal Erdnüsse, Baumwolle und Reis produziert.

b Tu prépares une présentation sur Fatym Layachi. Écris ces phrases en français.

1. Sage, dass die Schauspielerin 1983 in Marokko geboren ist.
2. Sage, dass sie in Paris studiert hat.
3. Sage, dass sie im Maghreb ein Star geworden ist.
4. Sage, dass sie in „Marock" einem Film über die reiche marokkanische Jugend gespielt hat.
5. Sage, dass sie für die Meinungsfreiheit und gegen die Zensur kämpft.

2 Vocabulaire

Le savais-tu? Très peu de ressources naturelles qu'on trouve aujourd'hui en Afrique sont d'origine africaine. Écris dans ton cahier de quel continent ces ressources viennent.

Le riz vient d'Asie.

3 Le plus-que-parfait

a Écris la forme demandée de ces verbes au plus-que-parfait.

1. *hésiter*	j'	______	4. *comprendre*	nous	______
2. *finir*	tu	______	5. *attendre*	vous	______
3. *ouvrir*	il/elle/on	______	6. *partir*	ils/elles	______

▶▶▶

7. *s'installer* je ______________ 10. *avoir* nous ______________

8. *vouloir* tu ______________ 11. *s'imposer* vous ______________

9. *être* il/elle/on ______________ 12. *revenir* ils/elles ______________

b Complète les phrases par les verbes au passé composé et au plus-que-parfait.

arrêter
arriver
commencer
devoir
déjà *passer*
sortir

1. Nous ______________ nous balader parce qu'il ______________ de pleuvoir.
2. Quand les garçons ______________ au stade, le match ______________ depuis vingt minutes!
3. J'______________ attendre vingt minutes parce que le bus de 8 heures ______________.

4 Le discours indirect au passé

Tu as visité le parc national des oiseaux du Djoudj dans le nord du Sénégal. De retour à la maison, tu racontes ce que le guide vous a dit. Écris les phrases au discours indirect dans ton cahier.

Il nous a dit
Il nous a raconté
Il nous a expliqué

© Fotolia / DiversityStudio

1. Ce parc existe depuis 1971 et plus de 400 espèces d'oiseaux différents y vivent.
2. Comme il se trouve à côté du fleuve Sénégal, c'est un des endroits les plus verts du Sahel et c'est donc idéal pour les oiseaux.
3. Chaque année, plus de trois millions d'oiseaux européens viennent passer l'hiver dans ce parc.
4. L'an dernier, nous avons accueilli deux millions de visiteurs qui s'intéressent aux oiseaux.
5. Pendant la visite, vous découvrirez une nature merveilleuse.
6. Et vous pourrez voir aussi des singes, des crocodiles et d'autres animaux.

5 Les verbes

Complète ces phrases par des formes d'*accueillir* ou de *jeter* aux temps qui conviennent.

1. Chez nous, c'est comme ça qu'on ______________ les étrangers.
2. Quoi?! Tu ______________ ma belle chemise bleue? C'était ma chemise préférée!
3. Il y a des gens qui exagèrent: ils ______________ tout dans la nature!
4. Les gens du village ______________ les touristes avec des danses. C'était très sympa!
5. Autrefois, on ______________ un tas d'affaires sans réfléchir, mais les choses ont changé.
6. On vous ______________ bien chez nous, mais on n'a pas la place.

Solutions, p. 71

1 a Relis le texte, p. 84–85, et note les mots et expressions pour parler d'un film. Écris dans ton cahier. (▶ Liste des mots, p. 169–171, Méthodes, p. 122/9).

b Tu connais déjà d'autres mots et expressions pour parler d'un film. Complète ta liste de **a**. Puis compare avec ton partenaire.

2 Driss a préparé une présentation sur son film préféré. Complète-la avec les expressions de **1**.

J'adore le film «Les Profs». C'est ________________ de la bédé «Les Profs», du dessinateur Pica. C'est un film drôle: ________________ rit du début à la fin. L'actrice qui, dans le film, joue ________________ de Gladys, la prof d'anglais, ressemble beaucoup au ________________ de Gladys dans la bédé.

Jusqu'à la fin on se demande si les profs et les élèves vont réussir à sauver le lycée. La ________________ où le prof d'histoire monte sur le toit pour parler à toute l'école est un ________________ du film. Après ça, le ________________ des élèves change complètement, ils commencent à travailler, ils veulent réussir.

3 Quel est ton film préféré? Écris un commentaire comme en **2**. Utilise les mots de **1**.

4 a Voici l'affiche du film «Dans la maison». Note les mots français.

die Schauspieler — der Titel — die Protagonisten — der Hintergrund — der Vordergrund — der Regisseur

b Décris cette affiche de film. Parle des ces points: Utilise les mots de a. (▶ Méthodes, p. 126/19)

les couleurs | le spectateur | le thème

c Quelles sont, d'après toi, les relations entre les personnages? Imagine l'histoire du film et écris un texte dans ton cahier.

d Est-ce que tu aurais envie de regarder ce film? Pourquoi?

5 Ton corres est fan du film «Les Profs». Il veut découvrir une comédie allemande. Tu lui conseilles le film «Fack ju Göhte». Il veut savoir de quel genre de film il s'agit et il voudrait avoir une synopsis. Lis cet article d'un journal de jeunes et explique-lui. (▶ Méthodes, p. 133/33–34)

Mit sieben Millionen Zuschauern gehört „Fack ju Göhte" zu den vier erfolgreichsten Kinofilmen der letzten 45 Jahre. Die Schulkomödie mit Elyas M'Barek und Karoline Herfurth in den Hauptrollen gefällt sowohl der Generation der Jugendlichen als auch der Eltern- und Lehrer-Generation.

Es mag an der Qualität der Schauspieler hängen und an dem vor Witzen nur so sprudelnde Drehbuch ... Aber vor allem gibt der Film von Regisseur Bora Dağtekin eine spannende Antwort auf die Frage: „Was ist ein guter Lehrer?" Ist es eine verklemmte Brillenträgerin, die alle Examen mit Einsern absolviert hat, aber sich keinen Respekt von ihren Schülern zu verschaffen weiß? Oder ist es ein halber Gauner, der mit einer Paintball-Waffe auf seine Schüler schießt und sie somit in den Klassenraum zurückholt? Die Antwort des Filmes nach anderthalb Stunden lautet: Schüler brauchen beides: Schock und Respekt, klassische Bildung und Umgangssprache, Graffiti und Shakespeare, Leute, die ihr Fach kennen, und Leute, die das Leben kennen ... Und vor allem brauchen sie Zuwendung und das Gefühl, dass sie wichtig sind. Und was für die Schüler gilt, gilt auch für die Lehrer: Ganz besonders rührend ist die Szene, wo die Lehrer sich auf das neue Lehrer-Ranking stürzen, um zu erfahren, wer der Lieblingslehrer oder die Lieblingslehrerin ist ... Die Botschaft ist simpel, aber immer wieder gut zu hören: Man arbeitet und lernt besser, wenn man sich geliebt fühlt ...

Bora Dağtekin 2013 © Interfoto / NG Collection

***Handlung:** Der Bankräuber Zeki Müller wird aus dem Gefängnis entlassen und sucht das Geld, das seine Freundin für ihn versteckt hat. Leider steht genau dort die neue Turnhalle der Goethe-Gesamtschule. Zeki sieht nur eine Möglichkeit, um an sein Geld heranzukommen. Er muss als Lehrer arbeiten. Dafür muss er die schwierige Klasse 10 b übernehmen: Die Schüler sind frech und interessieren sich null für Schule. Aber er schafft es auf seine Art und Weise, die Schüler zu motivieren.*

6 **Qu'est-ce qu'ils auraient fait à la place du prof? Commence par «à sa place».** (▶ Repères, p. 88/6)

1 
je – écrire plus grand

2 
vous – motiver vos élèves

3 
elle – demander l'avis de ses élèves

4 
il – aller chez le médecin

5 
elles – se lever plus tôt

6 
nous – choisir un sujet plus moderne

1. À sa place, j'aurais écrit plus grand. ____________
2. À sa place, vous ____________
3. ____________
4. ____________
5. ____________
6. ____________

7 **Simone veut consoler son frère Jacob, qui a eu une mauvaise note. Complète avec le conditionnel passé.** (▶ Repères, p. 88/6)

aller appeler
devoir *(2x)* s'excuser
falloir pouvoir

– Quand le prof de maths a découvert que je n'avais pas fait mes exercices, il m'a mis un zéro.

– À ta place, je ____________ lui parler avant le cours et je ____________ .

– Je n'ai pas pu m'excuser, parce que je suis arrivé en retard en cours.

– C'est bête, tu ____________ te lever plus tôt!

– Hier j'ai essayé de faire cet exercice jusqu'à minuit!

– À ta place j'____________ Tobias, il est super bon en maths!
Et tu ____________ me demander aussi.

– Quand j'ai commencé, il était trop tard pour appeler un copain. De toute façon, mes copains n'avaient pas bien compris l'exercice non plus.

– Tes copains et toi, vous ____________ mieux écouter en cours.

L'Histoire franco-allemande facultatif

Atelier A: Introduction

1 **Complète en lettres avec le nombre ordinal[1] qui convient, par exemple *première*.** **(▶ Livre, p. 89)**

1. C'est la ___première___ guerre mondiale qu'on appelle la Grande Guerre.
2. La ________________ guerre mondiale a eu lieu de 1939 à 1945.
3. Le philosophe Voltaire a vécu de 1694 à 1778, c'est un philosophe important du ________________ siècle.
4. Charlemagne est mort en 814, au début du ________________ siècle.
5. Luther a commencé à critiquer la religion catholique vers 1517. Ensuite, la Réforme s'est développée pendant tout le ________________ siècle.
6. L'Union Européenne est née en 1993. C'est donc un produit de la ________________ moitié du ________________ siècle.
7. Les guerres napoléoniennes ont eu lieu entre 1802 et 1815, au début du ________________ siècle.

1 le nombre ordinal Ordinalzahl

2 **Guerres et réconciliations. Relis les textes, p. 89–90, et complète les deux textes avec les mots de l'encadré traduits en français.** **(▶ Liste des mots, p. 172–176/2)**

Feind/feindlich   Frieden   Jahrhundert *(2x)*
Katholiken   Krieg   Preußen   Protestanten *(2x)*
Reformation   Religion   unterschreiben
Versöhnung   Vertrag   Widerruf

1. Au XXème ________________, deux ________________ mondiales ont eu lieu, de 1914 à 1918, et de 1939 à 1945. À cette époque, la France et l'Allemagne étaient des pays ________________. Avec le ________________ de l'Élysée en 1961, la ________________ entre les deux pays a lieu. Charles de Gaulle et Konrad Adenauer ________________ ce document parce qu'ils pensent que l'amitié franco-allemande est très importante pour la ________________ en Europe.
2. Au XVIème ________________, l'Allemand Martin Luther a beaucoup critiqué la ________________ des catholiques. Sa ________________ n'a pas plu à tout le monde. En France aussi, les ________________ et les ________________ se sont battus longtemps et violemment. Il y a juste eu une pause de 87 ans entre l'Édit de Nantes de 1598 et la ________________ de l'Édit de Nantes de 1685. Les ________________ qui ne pouvaient pas rester en France ont pu s'installer dans des régions allemandes comme la ________________ par exemple.

Atelier B: Le traité de l'Élysée

3 **a** Deux pays ennemis sont devenus amis. Mets les événements ci-dessous en ordre. Puis vérifie ta solution à l'aide du texte, p. 90.

- ☐ la création de l'Office franco-allemand pour la Jeunesse
- ☐ la Deuxième Guerre Mondiale
- ☐ la réconciliation
- ☐ la guerre franco-prussienne
- ☐ la Grande Guerre

b Relis le texte, p. 90. Quels sont les évènements qui on rapproché les Français et les Allemands? Indique la ligne.

4 Voici des articles de journaux qui parlent des relations franco-allemandes. Malheureusement, on ne peut plus lire certains mots. Retrouve les mots qui manquent. (▶ Liste des mots, p. 172/2)

1

1940–1944: La ____________________ était une organisation secrète pendant la Deuxième Guerre Mondiale qui ______________ ____________________ contre l'Allemagne nazie.

2

22 janvier 1963: La ____________________ entre la France et l'Allemagne devient enfin possible. Charles de Gaulle et Konrad Adenauer ont ____________________ le traité de l'Élysée. Son objectif: ________________________ les Français et les Allemands.

3

23 septembre 2008: Les villes de Saint-Denis-les-Bourgs et la ville de Schutterwald fêtent le 20ème anniversaire de leur ____________________ qui a commencé en 1988. Le ____________________ de Saint-Denis est allé avec 90 ____________________ de sa ville à Schutterwald pour fêter cet anniversaire.

4

23 janvier 2013: La France et l'Allemagne ont fêté hier le cinquantième anniversaire du ____________________ de l'Élysée. Angela Merkel, la ____________________ allemande et François Hollande, le ____________________ de la France, se sont rencontrés pour montrer à tous l'importance de l'amitié franco-allemande.

5

20 février 2014: Autrefois ennemis, la France et l'Allemagne ____________________ aujourd'hui dans plusieurs ____________________, par exemple la politique. Depuis 2003 chaque année,

les ________________________________ des deux pays se retrouvent pour un conseil des ministres franco-allemand. Aujourd'hui a lieu la 16ème rencontre de ce genre.

Atelier C: Une lettre pour Karin

5 Ton partenaire et toi, vous parlez de vos amis: relations et sentiments.

A: Sage, dass / Frage, ob	**B:** Sage, dass / Frage, ob
1. Éric die ganze Zeit von demselben Mädchen spricht. Du glaubst, dass er in sie verliebt ist.	1. Éric parle tout le temps de la même fille, je crois qu'il est un peu amoureux d'elle!
2. Tu crois qu'il est amoureux de Lucie? C'est possible. Elle fait plein de trucs, mais elle est aussi super bonne en classe, elle a la patate!	2. Éric wirklich in Lucie verliebt ist? Möglich. Sie macht viele Sachen und ist auch noch gut in der Schule. Sie ist ein Mädchen, das gut drauf ist!
3. Ja, aber sie geht mit Luc aus. Er ist ein ruhiger Junge, der sich nie aufregt.	3. Oui, mais elle sort avec Luc, un garçon très calme qui ne s'énerve jamais.
4. Je crois qu'il n'ose pas parler aux gens parce qu'il est trop timide.	4. du glaubst, dass er sich nicht traut, andere Leute anzusprechen, weil er schüchtern ist.
5. das stimmt. Eigentlich passt er gar nicht zu Lucie. Sie lacht die ganze Zeit und ist ein fröhliches Mädchen.	5. Oui, c'est vrai. En effet, il ne va pas du tout avec Lucie. Elle, elle rigole tout le temps, c'est une fille joyeuse.
6. Oui, mais elle ne fait pas toujours très attention aux autres. Autrefois, on était assez copain/copine, mais je me suis rendu compte que je ne pouvais pas compter sur elle, et j'ai été assez déçu!	6. sie aber manchmal nicht auf andere aufpasst. Früher wart ihr befreundet, aber du hast gemerkt, dass du nicht auf sie zählen kannst. Da warst du sehr enttäuscht!
7. es stimmt. Außerdem war sie gemein zu Pierre. An ihrer Stelle würdest du dich schämen.	7. Oui, en plus, je sais qu'elle a fait un truc vraiment pas sympa à Pierre. À sa place, j'aurais honte!
8. Alors Éric ne devrait pas sortir avec elle. En plus, lui, il est vraiment sympa, il veut tout le temps aider les gens, il a toujours pitié de tout le monde.	8. Éric nicht mit ihr ausgehen sollte. Außerdem ist er sympathisch und er ist immer sehr hilfsbereit, weil er mit jedem Mitleid hat.
9. das stimmt. Seine erste Freundin Joséphine war auch merkwürdig. Sie war nie zufrieden, motzte ständig herum und sie war sogar gemein zu den Leuten, die ihr helfen wollten. Sie hatte einen fiesen Charakter.	9. Oui, c'est vrai, mais sa première copine, Joséphine, était bizarre aussi, elle n'était jamais contente, elle râlait beaucoup, elle n'était sympa avec personne même pas avec les gens qui voulaient l'aider, elle avait un caractère de chien.
10. C'est vrai, mais depuis qu'elle n'est plus avec Éric, elle pleure tout le temps, elle est vraiment très triste!	10. sie die ganze Zeit weint, seitdem sie nicht mehr mit Éric zusammen ist. Sie ist wirklich sehr traurig.
11. du wirklich erstaunt bist, weil sie sich sehr geändert hat.	11. Je suis vraiment étonné, parce qu'elle a beaucoup changé.
12. Et toi, je trouve que tu veux toujours tout savoir, tu es vraiment trop curieux!	12. du findest, dass **A** immer alles wissen möchte und sehr neugierig ist.

Atelier D: Les huguenots

6 **Relis la lettre, p. 92. Vrai ou faux? Justifie ta réponse.**

	vrai	faux
1. Albert a quitté la France il y a 20 ans.	☐	☐
2. Il écrit à sa tante qui vit en Nouvelle-France.	☐	☐
3. Albert ne peut plus pratiquer sa religion en France.	☐	☐
4. Les soldats du roi ont dit aux huguenots de quitter la France.	☐	☐
5. Albert a quitté la France avec sa famille.	☐	☐
6. Il s'est installé à Potsdam.	☐	☐

7 **Complète les définitions avec des mots du texte.** **(▶ Liste des mots, p. 175–176)**

1. Les ______________________ sont des gens qui quittent leur pays, ils partent en ______________________ parce qu'il y a la guerre, parce qu'ils n'ont pas le droit de pratiquer leur religion et parce qu'il n'y a pas de travail.
2. Une ______________________ est un endroit où on fait des livres et des journaux.
3. Une ______________________ est un moment difficile que l'on traverse dans la vie. À l'école ça peut être aussi une interro.
4. Quand il y a un feu à un endroit où il ne doit pas y en avoir, on appelle ça un ________________.
5. Dans certaines religions, il y a plusieurs ________________, mais dans la religion catholique et dans la religion protestante par exemple, il n'existe qu'un seul ________________.
6. Au $17^{\text{ème}}$ siècle, les ______________________ ont dû quitter la France parce qu'ils ne pouvaient plus pratiquer leur religion.
7. Les habitants de Potsdam ont beaucoup aidé les huguenots à s'installer. Cette ______________________ a compté pour eux.
8. Le fils de mon frère est mon ________________.

8 **a** **Tu lis dans un roman historique cette description du départ en exil d'une famille de huguenots. Souligne les verbes au passé simple et note les infinitifs.** **(▶ p. 93/6)**

Nous nous levâmes vers minuit et prîment nos sacs qui étaient prêts. Quand la porte de notre maison se referma, je compris pour la première fois que je ne reviendrais plus. La nuit était noire. Nous sortîmes rapidement de la petite ville et prîmes un chemin qui passait par les champs. Mon petit frère marchait à côté de moi. Soudain nous entendîmes un bruit. Mon frère eut peur et se jeta dans mes bras. Deux chats traversèrent la route. Nous fûmes rassurés et continuâmes notre route jusqu'au matin.

CD 13

b **Dans un film, le personnage principal raconte cette scène à un ami (plus tard). Écoute le texte et trouve deux erreurs.**

c **À toi, tu racontes l'histoire comme si tu étais le jeune huguenot. Écris le texte de a au passé composé dans ton cahier.**

100 % pub! facultatif

1 **Relis le texte et trouve la bonne définition. Justifie ta réponse.** (▶Texte, p. 95)

	vrai	faux
1. L'écoblanchiment, c'est une association qui s'engage pour l'écologie et le développement durable.	☐	☐
2. L'écoblanchiment, ça veut dire que des entreprises utilisent des arguments écologiques dans leurs publicités pour vendre des produits qui ne sont pas vraiment écologiques.	☐	☐
3. L'écoblanchiment, c'est un écolabel officiel qui certifie des produits écologiques.	☐	☐

2 **a** **Voici une publicité. Complète.** (▶Méthodes, p. 126/19)

à l'arrière-plan · en bas · en haut · le label · au premier plan · le produit · le site Internet · le slogan · le titre

1 ____________________

2 ____________________

3 ____________________

4 ____________________

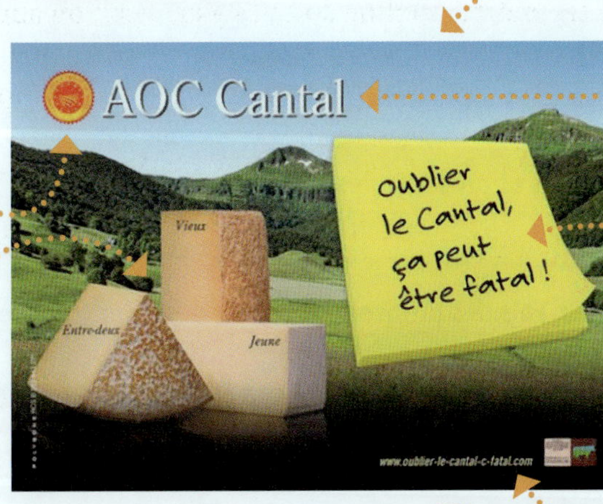

© Comité Interprofessionnel des Fromages AOP Cantal

5 ____________________

6 ____________________

7 ____________________

8 ____________________

9 ____________________

b **Décris cette publicité dans ton cahier. Utilise les mots de a.**

____

____

____

____

____

c **Explique comment cette publicité fonctionne. Est-ce qu'elle te donne envie d'acheter ce produit? Pourquoi? Utilise les mots et expressions du texte.** (▶Texte, p. 94, Liste des mots, p. 176–179, Méthodes, p. 130/29)

3 a Complète la description de ces différentes initiatives avec les mots suivants.
(▶ Liste des mots, p. 176–179)

jdn/etw. anprangern etw. entschlüsseln funktionieren jdn/etw. provozieren jdn sensibilisieren jdn überzeugen

1. Sans Collier ______ le public au problème des animaux en danger.

2. O-VERT-DOSE ______ le public avec des slogans ironiques.

3. France Nature Environnement ______ la pollution de la nature, des rivières et des forêts.

4. L'Association Végétarienne de France veut ______ les gens de ne pas manger de viande.
5. Culture Pub est un site en ligne qui collectionne et ______ les publicités du monde entier pour mieux comprendre leurs messages.
6. Toutes ces initiatives ______ parce qu'il y a des personnes qui s'y engagent.

b À toi. Trouve quatre initiatives et présente-les. Utilise les verbes de a.

4 a Luce et Zoé sont différentes. Fais des phrases. Utilise *ne … ni … ni*. **(▶ Repères, p. 97/7)**

1. Luce aime les frites et les hamburgers.
   Zoé ______.
2. Luce a un ordinateur et un smartphone.
   Zoé ______.
3. Zoé veut vivre à la campagne et avoir un chien.
   Luce ______.
4. Luce aime la mode et le shopping.
   Zoé ______.
5. Luce voyage en voiture et en avion.
   Zoé ______.
6. Zoé est motivée et engagée.
   Luce ______.

b Et toi? Qu'est-ce que tu n'aimes pas? Écris au moins cinq phrases. Utilise *ne … ni … ni*.

5 a Relis les paroles de la chanson de Tryo. Qu'est-ce que les consommateurs veulent? Note les expressions qui correspondent aux dessins. Indique aussi la ligne. (▶ Webcode APLUS-4-97)

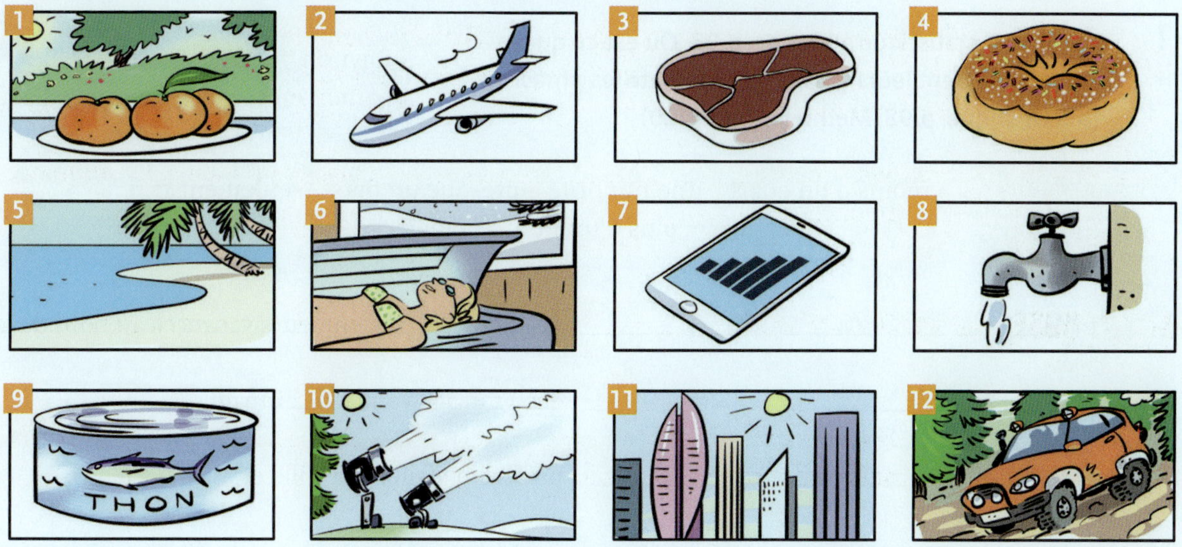

1. ______________________________

2. ______________________________

3. ______________________________

4. ______________________________

5. ______________________________

6. ______________________________

7. ______________________________

8. ______________________________

9. ______________________________

10. ______________________________

11. ______________________________

12. ______________________________

b Choisis trois dessins de **a** et dis s'ils sont écologiques. Justifie ton opinion.

____

____

____

____

____

c Et toi? Qu'est-ce que tu veux? Qu'est-ce que tu ne veux pas? Est-ce que c'est écologique? Écris au moins 50 mots. Utilise *du / de la / de l' / des* et *ne … ni … ni*.

MODULE D
Régions à la carte facultatif

1 Regarde la statistique à gauche, p. 98. Où est-ce que les Français passent leurs vacances? Complète les phrases. (▶ Statistique, p. 98, Méthodes, p. 126/20)

Environ 70 % des Français partent en vacances au mois d'août.

moins d'un quart   une minorité   presque un tiers   seulement 11,6 %
plus d'un tiers   la majorité

1. ______________________ des Français passent leurs vacances au bord de la mer.
2. ______________________ des Français vont à la campagne.
3. ______________________ préfèrent visiter une ville et
   ______________________ vont à la montagne.
4. ______________________ des Français restent en France.
5. ______________________ de Français partent dans un pays étranger.

2 Ces trois jeunes ne savent pas où passer leurs vacances. Relis les textes, p. 98–99, et donne-leur un conseil. Écris dans ton cahier. (▶ Textes, p. 98–99)

Philibert: Je suis assez sportif. Ma passion, c'est le beach-volley.
Marie: Je suis sportive et j'aime la nature. Je déteste les plages et les monuments.
Paul: J'aime le sport et la nature. Et j'adore visiter les lieux historiques.

3 Prépare au moins dix devinettes sur les textes pour tes camarades. Ils trouvent de quoi ou de qui il s'agit. Écris-les dans ton cahier et n'oublie pas de noter les réponses sur une feuille de papier. (▶ Textes, p. 98–99)

Exemple: C'est la saison des grandes vacances. → L'été. / C'est l'été.

4 a Regarde la statistique. Puis explique où les Allemands passent leurs vacances. (▶ Méthodes, p. 126/20)

b Compare avec la statistique dans le livre. (▶ Texte, p. 98)

Wo verbringen die Deutschen ihren Urlaub?

30,5 %	Deutschland
69,5 %	Ausland

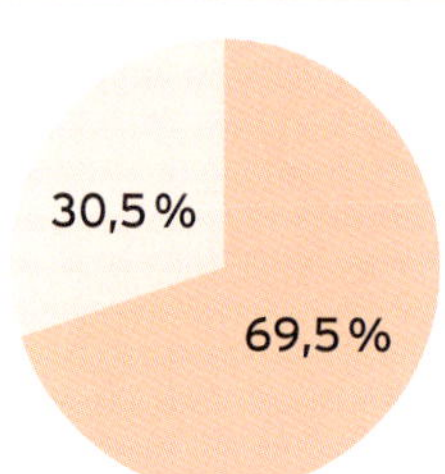

Quelle: Deutscher ReiseVerband 2015

Die zehn beliebtesten Auslandsziele der Deutschen 2014

Spanien	13,5 %
Italien	7,8 %
Türkei	7,0 %
Österreich	4,9 %
Frankreich	3,4 %
Kroatien	3,3 %
Griechenland	2,9 %
Niederlande	2,3 %
Polen	1,9 %
USA	1,6 %

5 a Recopie ce tableau dans ton cahier. Relis ensuite les textes sur les différentes régions touristiques, puis note tout ce qu'on peut classer (vocabulaire, noms de lieux ou de personnes) dans les rubriques suivantes. Parfois plusieurs solutions sont possibles. (▶Textes, p. 98–99, Liste des mots, p. 179–180)

l'histoire	la mer	la nature	la montagne	l'aventure

b Voici quatre régions de vacances. Explique ce qu'on peut y faire. Utilise les mots de a.

1

Saint-Jean-de-Luz (Aquitaine)

© Fotolia / vouvraysan

2

les Alpes (Rhône-Alpes, Provence-Alpes-Côte-d'Azur)

© Shutterstock / Huang Zheng

3

les gorges de l'Hérault (Languedoc-Roussillon)

© laif / REA / Fabien Courtitarat

4

le château d'Amboise (Centre)

© Fotolia / scaliger

6 Léo/Léa et sa sœur/son frère Enza/Enzo cherchent un endroit où passer les prochaines vacances pour en faire la proposition à leurs parents. Préparez un dialogue, puis jouez-le. A commence.

Partenaire A (= Léo/Léa)	**Partenaire B** (= Enza/Enzo)
1. Möchte in die Berge fahren, in die Alpen oder in die Pyrenäen.	2. Bevorzugt, ans Meer zu fahren.
3. Hat keine Lust am Strand zu liegen. Mag lieber wandern und die Natur bewundern.	4. Am Meer kann man Volleyball spielen, mit dem Boot fahren, baden, Beach-Volleyball spielen und am Strand spazieren gehen.
5. Findet die Idee gut und möchte wissen wohin.	6. Hat an das *Bassin d'Arcachon* gedacht, dort gibt es schöne Campingplätze und viele Möglichkeiten, die Natur zu erkunden.
7. Ist mit der Wahl einverstanden, vor allem weil er/sie die Vogelwelt beobachten können wird.	8. Freut sich über die Einigung.

7 a Travaillez à deux. Chacun/e choisit un des lieux suivants. Il/Elle lit le texte et prend des notes. Vous pouvez utiliser un dictionnaire. (▶Méthodes, p. 120/5)

A *LE CHÂTEAU DE VERSAILLES*

Si vous allez en vacances à Paris, visitez le château de Versailles qui se trouve à Versailles, à environ 20 km de la capitale. Il s'agit du site touristique de France qu'on visite le plus après le musée du Louvre et la tour Eiffel. Le château attire 7,5 millions de visiteurs par an. Il se trouve dans un parc de 830 hectares et compte 2 300 pièces.

◀ *le château et le jardin*

La construction du château commence en 1623. À partir de 1662 jusqu'en 1710, le roi Louis XIV le rénove et l'agrandit. À la mort de Louis XIV en 1715, le château ressemble à ce qu'il est aujourd'hui.
Visitez les jardins, la chambre du roi, les appartements royaux et ne ratez pas la célèbre galerie des Glaces avec ses 357 miroirs sur 73 mètres! C'est dans cette grande salle que les chefs d'État ont signé le traité de Versailles en 1919, à la fin de la Première Guerre mondiale.

la galerie des Glaces ▶

B *L'AIGUILLE DU MIDI*

Face au mont Blanc, l'Aiguille du Midi offre une vue magnifique sur la vallée de Chamonix, le glacier de la Vallée Blanche et les plus hautes montagnes des Alpes: le mont Blanc (4 810 m) et la Pointe Helbronner (3 462 m) qui se trouve en Italie. Plus de 500 000 personnes par an visitent l'Aiguille du Midi. Vous pouvez y aller en téléphérique depuis Chamonix. L'été, plus de 600 personnes par heure prennent ce téléphérique. De la gare d'arrivée du téléphérique, à 3 777 mètres d'altitude, il faut prendre l'ascenseur qui nous conduit tout en haut à 3 842 mètres d'altitude, sur la terrasse d'où on a une vue à 360°. Et ce n'est pas tout! Depuis 2013, vous pouvez entrer dans une cage en verre et regarder dans le vide! Mais si vous avez le vertige, redescendez à 3 777 mètres et visitez l'Espace Mont-Blanc qui permet d'admirer le panorama derrière des vitres.

◀ *le sommet avec la cage en verre*

◀ *le téléphérique*

b **Présente le lieu que tu as choisi à ton/ta partenaire. Essaie de lui donner envie de visiter ce lieu.**

C'est un endroit où ___. C'est un endroit qui ___. Il faut absolument ___.
Tu devrais (aller à / visiter) ___ parce que ___.

Vive la diversité! facultatif

1 **Vrai ou faux? Relis l'interview. Puis coche. Justifie ta réponse.** (▶Texte, p. 100)

	vrai	faux
1. Djenabou s'engage contre le racisme.	☐	☐
2. Les immigrés sont bien acceptés en France.	☐	☐
3. Djenabou se sent Française.	☐	☐
4. Son père est né en France.	☐	☐
5. Il était déjà marié quand il est arrivé en France.	☐	☐
6. La mère de Djenabou travaille dans un hôpital.	☐	☐
7. Le dioula est un plat traditionnel du Burkina Faso.	☐	☐
8. Djenabou parle deux langues.	☐	☐

2 **Lis la définition sans la réponse. Ton/Ta partenaire trouve le mot qui correspond à la définition. A commence.** (▶Texte, p. 100)

Partenaire A	Partenaire B
1. C'est comme une chanson sans musique ou alors comme un poème avec beaucoup de rythme: un slam.	C'est ?.
C'est ?.	2. C'est quand on accepte les autres personnes comme elles sont: la tolérance.
3. Quand on sait parler deux langues, on est bilingue.	C'est ?.
C'est ?.	4. C'est le contraire de difficile mais ce n'est pas facile non plus: simple.
5. C'est comme cela qu'on appelle des personnes qui n'aiment pas les étrangers: des racistes.	Ce sont ?.
C'est ?.	6. Les parents de Djenabou viennent du Burkina Faso, mais elle a ? française: la nationalité.
7. C'est quand on a un avis sur une chose ou une personne sans la connaître: un préjugé.	C'est ?.
C'est ?.	8. Quand on n'arrête pas de croire à quelque chose on a de ?: l'espoir.
9. Ce sont les habitants du même pays: les compatriotes.	Ce sont ?.
C'est ?.	10. Quand on n'accepte pas une proposition ou une personne, on la ?: rejette.
11. Tous les hommes sont égaux, alors ils ont tous les mêmes droits.	C'est ?.
C'est ?.	12. Quand on doit quitter un pays où la vie est dure on fuit ?: la misère.

3 **Regarde la statistique, p. 101. Puis complète le texte. Parfois, il y a plusieurs possibilités.** (▶ p. 101, Méthodes, p. 126/20)

plus | la plupart | une statistique | un peu moins | grande diversité culturelle | moins | une grande différence | plus de | la majorité *(2x)*

Ce tableau est __________ de 2010 sur l'origine des personnes qui ont immigré en France depuis 1945.

En 1945 et en 1960, __________ des immigrés venaient d'Italie.

En 1965, __________ des immigrés venaient d'Espagne. Il y en avait __________ qui venaient d'Italie.

En 1975, il y avait encore __________ 700 000 immigrés qui venaient du Portugal. En 1980, il n'y en avait plus que 400 000.

Depuis 1980 __________ des immigrés viennent d'Algérie.

Il y a __________ entre 1945 et 2010: il y a __________ d'immigrés qui viennent d'Espagne et d'Italie et __________ d'immigrés qui viennent du Portugal, d'Algérie et de l'Afrique subsaharienne.

En conclusion, on peut dire que la France est un pays avec une __________ __________.

4 **a** **Regarde la statistique. Explique ce qu'on apprend sur les immigrés en Allemagne. Tu peux utiliser le texte de 3 comme modèle.** (▶ Méthodes, p. 126/20)

Anzahl der Ausländer* in Deutschland nach Herkunftsland (Stand: 31. Dezember 2014)

Die Statistik zeigt die Anzahl der Ausländer in Deutschland nach Herkunftsland. Zum 31. Dezember 2014 lebten 1.527.118 Türken in Deutschland. Insgesamt lebten am 31. Dezember 2014 in Deutschland 8.152.968 Ausländer.

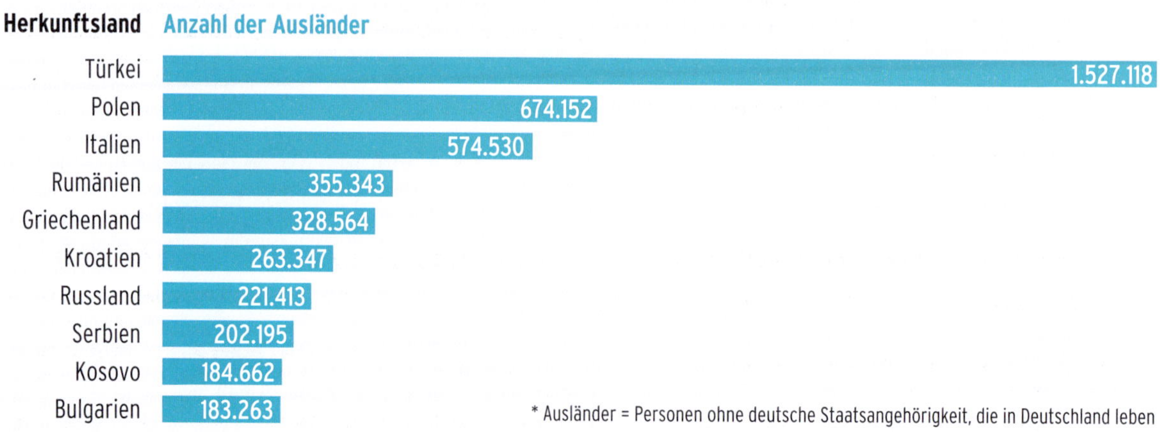

* Ausländer = Personen ohne deutsche Staatsangehörigkeit, die in Deutschland leben

Quelle: Statista, 2014

b **Compare cette statistique avec celle dans le livre. D'où viennent la majorité des immigrés en France? Et en Allemagne?**

5 **Lis les paroles de la chanson de Sinsemillia et trouve dans le texte une expression synonyme pour chacune des phrases suivantes.** (▶ www. cornelsen.de/webcodes APLUS-4-101)

1. Ma famille a dû beaucoup travailler pour trouver sa place dans la société. l. ________
2. Elle a lutté contre les préjugés. l. ________
3. Je ne m'appelle pas comme les gens d'ici, mon nom est typique d'une autre région du monde. l. ________
4. C'est quelque chose que je ne comprends pas et quelque chose que je n'accepte pas. l. ________
5. Mes parents se sont battus mais ils n'ont jamais oublié qui ils sont. l. ________
6. Il n'y a pas d'explications et pas d'excuses pour les sentiments négatifs que les gens ont contre nous. l. ________

DVD **6** **a** **Tu es dans un collège en France et le thème des journées portes ouvertes est «la diversité». Quelqu'un propose de montrer le film «La Cour de Babel». Regarde la bande-annonce et réponds aux questions.** (▶ www. cornelsen.de/webcodes APLUS-4-CARNET-65)

1. Où se passe l'action du film?
2. Qui sont ces jeunes?
3. Que font-ils ensemble?
4. De quels thèmes parlent-ils?

b **À ton avis, est-ce que c'est un bon film pour parler de la diversité culturelle en France? Donne trois arguments pour et/ou contre.**

7 **Raconte dans ton cahier la journée où Djenabou a gagné le concours de slam. Utilise** *après avoir* / *après être* **+ participe passé.** (▶ Repères, p. 101/5)

1. *mettre* une belle robe / *quitter* la maison

2. *aller* à la gare RER / *prendre* le train pour Paris

3. *entrer* seule dans le théâtre / *retrouver* ses copains

4. l'animateur *dire* merci aux sponsors / *appeler* les jeunes qui participent au concours

5. *monter* sur la scène / *dire* son texte sans faute

6. les spectateurs *écouter* le slam / *applaudir* très fort

8 **a** **Djenabou raconte comment elle a eu l'idée de faire du slam. Écris dans ton cahier ce qu'elle raconte. Utilise les expressions ci-dessous et** *après avoir* / *après être* **+ participe passé.** (▶ Repères, p. 101/5)

aller à des soirées slam | *avoir* envie de participer à qc | *trouver* un thème | *noter* des idées | *faire* une liste de mots avec les mêmes lettres | *trouver* le bon rythme | *s'entraîner* dans sa chambre | *présenter* son slam à un petit groupe d'amis | *lire* une petite annonce | *participer* à un concours de slam

b **À toi! Raconte une journée où il est arrivé quelque chose de spécial. Écris au moins 60 mots dans ton cahier. Utilise** *après avoir* / *après être* **+ participe passé.**

MODULE F Zoom sur la B.D.! facultatif

1 a Qu'est-ce que c'est? Note le nom. (▶ Liste des mots, p. 182)

1. C'est un CD qui contient[1] toute la musique d'un film. C'est ______________________.
2. C'est un film dans lequel ne jouent pas de vrais acteurs mais qu'on a dessiné. C'est ______________________.
3. Il s'agit d'un livre qui contient[1] beaucoup d'informations dans ordre alphabétique. C'est ______________________.
4. Quand on n'a pas envie de lire un livre, on peut l'écouter grâce au ______________________.
5. Ce sont des tableaux, des sculptures ou des pièces de musique, par exemple. On peut les admirer dans des musées ou dans des salles de musique. Ce sont ______________________.
6. Quand on parle d'un film que tout le monde connaît et qui sert de modèle pour de nouveaux films, on parle d'______________________.

1 **contenir** enthalten

b Choisis un des personnages (1 à 5) et explique-le à ton/ta partenaire. Il/Elle trouve le mot. (▶ Liste des mots, p. 182–184, Méthodes, p. 133/34)

____

2 Vrai ou faux? Lis le texte, p. 104, regarde les diagrammes, puis coche. Corrige les phrases fausses. Écris dans ton cahier. (▶ p. 104)

	vrai	faux
1. La ville d'Angoulême est célèbre dans le monde de la B.D. parce que beaucoup d'auteurs sont nés dans cette ville.	☐	☐
2. Le festival a lieu tous les deux ans.	☐	☐
3. Chaque année, le festival présente un autre pays.	☐	☐
4. Au festival, on peut lire et apprendre à faire des B.D.	☐	☐
5. Les fans de B.D. peuvent s'habiller comme leurs héros préférés.	☐	☐
6. À Angoulême, les auteurs de B.D. les plus célèbres peuvent recevoir une médaille.	☐	☐
7. Selon la première statistique, ce sont les Japonais qui produisent le plus de B.D. dans le monde.	☐	☐
8. On voit sur la statistique que la B.D. est un genre qui plaît plus aux femmes qu'aux hommes.	☐	☐
9. Les Français adultes[1] lisent au moins une B.D. chaque année.	☐	☐
10. Il y a eu dix fois plus de visiteurs au festival d'Angoulême en 2013 qu'au moment de sa création.	☐	☐

1 **adulte** *adj. m./f.* erwachsen

3 a **Pour parler des bandes dessinées, il te faut des adjectifs et des adverbes. Complète le tableau. Vérifie tes résultats à l'aide d'un dictionnaire.** (▶ Liste des mots, p. 182–187)

adjectif allemand	**adjectif** français *m./f.*	**adverbe** français	**adverbe** allemand
genau			
		élégamment	
	horrible *m./f.*		
			lesbar
dick *(z. B. ein Buch)*			
			im Allgemeinen
grundlegend			
angepasst			
			ganz
	simple *m./f.*		
geheimnisvoll			
außergewöhnlich			

b **À Angoulême, deux fans de B.D. se parlent. Faites ce dialogue à deux. Utilisez les adjectifs et adverbes de a.**

A	B
1. Sage, dass du „Tamara" einfach witzig findest! Stelle fest, dass es einfache Geschichten sind, der Humor aber einfach super ist.	1. simplement drôle / des histoires simples / simplement génial
2. précisément / style précis / ses idées extraordinaires / la B.D. entière / en une fois	2. Widersprich und sage, dass das genau das ist, was du nicht magst. Sage, dass du den genauen Stil von Arthur Pins und seine außergewöhnlichen Ideen magst. Erzähle, dass du den ganzen Comic ohne Unterbrechung (in einem Mal) gelesen hast.
3. Du bist nicht einverstanden. Sage, dass dir der Comic viel zu dick ist und darin viel zu wenig passiert! Ergänze, dass die Story außerdem nicht witzig und nicht geheimnisvoll ist und dass man nur elegante Zeichnungen entdecken kann ... Sage, dass das nicht dein Fall ist.	3. beaucoup trop épaisse / trop peu de choses / histoire (ne pas) mystérieuse / dessins élégants / mon truc
4. bien lisible / grosses bulles / préférer autre chose	4. Entgegne, dass du es gut lesbar findest und dass du im Allgemeinen Comics mit wenig Text und vielen Bildern mehr als die Comics mit dicken Sprechblasen magst ... Füge hinzu, dass ja jeder etwas anderes bevorzugt!

4 a **De quoi est-ce qu'on parle? Relie.** (▶ L'accord du participe passé après avoir, Livre, p. 105/4)

Je l'ai acheté hier.	1	a	les bédés
Je l'ai achetée hier.	2	b	le DVD
Je les ai achetés hier.	3	c	la montre
Je les ai achetées hier.	4	d	les livres audio

b **Qu'est-ce qui se cache derrière les pronoms en gras? Souligne la bonne réponse.** (▶ L'accord du participe passé après avoir, Livre, p. 105/4)

1. Pourquoi est-ce que vous ne **nous** avez pas attendues? — des auteurs / des actrices
2. Nous **l'**avons trouvé dans la rue! — la clé / le chien
3. Quand est-ce que tu **m'**as appelée? — la mère / le père
4. On **les** a faits tout seuls! — les gâteaux / les crêpes
5. Je **vous** ai prévenus! — deux lecteurs / deux stars
6. Où est-ce que tu étais? Je **t'**ai cherché pendant deux heures! — la perruche / le chat
7. Je **les** ai prises à la médiathèque hier! — les cartes / les jeux-vidéo

5 **Note les noms pour parler d'une B.D. puis note le numéro de sa définition.** (▶ Liste des mots, p. 185–187)

1. C'est la manière dont on écrit les lettres.
2. C'est quand on voit de plus près.
3. C'est ce qui est autour des cases.
4. Elle a des bords et contient[1] une image.
5. Elle contient[1] les paroles des personnages.
6. C'est quand on voit quelque chose de plus loin.
7. Ce sont des informations écrites qu'on ne lit pas dans les bulles.

1 **contenir qc** enthalten

CD 14

6 **Écoute la description de ces quatre cases et complète la B.D.** (▶ Solutions, p. 72)

Unité 1 (Fais le point, S. 18–19)

1 1. le médecin 2. l'employeur, l'employeuse 3. le serveur, la serveuse 4. le salaire 5. le traducteur, la traductrice 6. passionnant/e 7. enrichissant/e 8. les connaissances 9. le dessinateur, la dessinatrice 10. le stage 11. le tuyau / les tuyaux 12. impressionner qn

Wenn du Schwierigkeiten hattest:
- ▶ Übe die Vokabeln und ihre Artikel mit Hilfe der Wortliste auf S. 148–154, indem du immer eine rechte Spalte abdeckst.
- ▶ Löse dann die Förderübung im Beiheft, S. 2/1.

2 1. Je rêve de devenir reporter.
2. Je voudrais voyager à l'étranger. Je suis douée pour les langues.
3. Je ne voudrais pas travailler dans un bureau. Ça ne me dit rien du tout.
4. Je suis curieuse, flexible, et je suis prête à avoir/prendre des responsabilités.
5. Je voudrais être libre et prendre des décisions.
6. Je n'aime pas qu'on me donne des ordres.

- ▶ Übe noch einmal die Rubrik *Qu'est-ce qu'on dit?* in den *Repères* auf S. 32.
- ▶ Löse dann die Förderübung im Beiheft, S. 2/2.

3 1. a) Rien ne te plaît.
b) Rien n'est assez beau pour toi!
c) Rien ne t'impressionne!
2. a) Personne ne le connaît.
b) Personne ne sait d'où il vient.
c) Personne ne lui a parlé.

- ▶ Vergiss nicht: *personne ne* = niemand, *rien ne* = nichts.
- ▶ Schau dir den Abschnitt 1 der *Repères* auf S. 32 noch einmal an.
- ▶ Löse dann die Förderübung im Beiheft, S. 4/3.

4 1. – Je te **verrais** bien clown. Tu **plairais** aux enfants.
– Et toi, tu **ferais** un bon conseiller d'orientation.
2. – Ce n'est pas moi qui ai volé cet argent. Est-ce que je dois tout raconter au prof? Qu'est-ce que vous **feriez** à ma place?
– On **parlerait** au prof et on lui **dirait** ce qui s'est passé.
3. – Sans smartphone, les gens **s'ennuieraient**.
– Moi, je pense plutôt qu'ils **se parleraient** plus et qu'ils **iraient** plus vers les autres.

- ▶ In den *Repères* auf S. 33/2 kannst du die Bildung des *conditionnel présent* nachlesen.
- ▶ Löse dann die Förderübungen im Beiheft, S. 4/4.

5 1. Si je n'**étais** pas si timide, je lui **parlerais**.
2. Si tu **voulais**, on **ferait** le tour du monde.
3. Mes amis m'**aideraient** si j'**avais** des problèmes.
4. Elle **serait** heureuse si elle **savait** ça.
5. Si nos parents **étaient** d'accord, on **viendrait** avec vous.
6. Si on leur **disait** ça, ils ne nous **croiraient** pas.
7. Si on **travaillait**, on **aurait** un peu d'argent.
8. Tu **irais** à cette fête si tu **étais** à ma place?

Wenn du den irrealen Bedingungssatz noch nicht beherrschst,
- ▶ schau dir den Abschnitt 3 der *Repères* auf S. 33 noch einmal an. Beachte: Im „si"-Satz stehen die Verben im *imparfait*. Im Hauptsatz stehen sie im *conditionnel présent*. Die Bildung des *conditionnel présent* kannst du in den *Repères* auf S. 33/2 nachschlagen und in der Verbliste auf S. 138–143 nachschlagen.
- ▶ Löse dann die Förderübungen im Beiheft, S. 5/5.

6 **a** 1. Arrêtez! Ne le **battez** pas. 2. Autrefois, ils **se battaient** dans des arènes. 3. Elles se sont disputées et après, elles **se sont battues**. 4. S'ils ne faisaient pas autant d'efforts, ils **se battraient** tous le temps!

b

- ▶ Schlage die Konjugation der Verben *battre* und *se battre* auf S. 140 und auf S. 143 nach.
- ▶ Lerne die Konjugation auswendig.
- ▶ Löse anschließend die Förderübung im Beiheft, S. 6/6.

Unité 2 (Fais le point, S. 33–34)

1

1 → f, k, n: goûter un kiwi, une tranche de pain, une saucisse
2 → e, j, p: avoir en tête une chanson, un souvenir, une idée fausse
3 → g, o: avoir mal à la tête, aux jambes
4 → m: avoir le mal du pays
5 → c, q: être assis/e sur une chaise, dans le bus
6 → l: correspondre à la seconde en France
7 → i: introduire le contenu dans la boîte
8 → a, h: remplir un sac, une bouteille
9 → b, f, k, n: découper du carton, un kiwi, une tranche de pain, une saucisse

Wenn du noch Schwierigkeiten hattest:
- Übe die Vokabeln und ihre Artikel mit Hilfe der Wortliste auf S. 155–160, indem du immer eine rechte Spalte abdeckst.
- Löse dann die Förderübungen im Beiheft, S. 7/1.

2

1. Un «kalter Hund», **mot à mot** «un chien froid», c'est **une sorte de** gâteau qu'on fait avec des biscuits et du chocolat et qui **se fait** souvent aux anniversaires. On peut facilement le faire **soi-même.**
2. Le sac à dragées est un petit sac souvent transparent qui **se ferme** avec un **ruban** et **qu'on** offre souvent en France aux invités d'un mariage. Son **contenu,** ce sont des petits bonbons blancs **en** sucre. Il **paraît que** ce sont aussi des porte-bonheur!
3. Il **s'agit d'**un objet **en métal** du designer français Philipp Starck qu'on **utilise** pour préparer des jus de citron et des jus d'orange.

- Übe noch einmal die Rubrik *Qu'est-ce qu'on dit?* in den *Repères* auf S. 54.
- Löse dann die Förderübung im Beiheft, S. 8/2.

3

1. C'est bizarre qu'il ne **fasse** pas attention.
2. Heureusement, tu n'**es** pas gravement blessé!
3. Je suis content qu'il **aille** mieux. J'ai eu peur qu'il **faille/doive** aller à l'hôpital!
4. Il faut qu'on **appelle** ses parents!
5. C'est terrible que cette route **soit** si dangereuse!
6. Il faudrait qu'on **fasse** quelque chose pour protéger les gens!
7. Je trouve qu'il **a** eu de la chance!
8. Je suis étonné que le vélo n'**ait** rien!

Wenn du dir unsicher bist, wann du den *subjonctif* verwenden sollst,
- achte auf die Auslöser. Du findest sie in den Übungen im Schülerbuch, S. 45–46/4–6.
- Lies noch einmal die *Repères* auf S. 54/1.
- Löse dann die Förderübungen im Beiheft, S. 8/3.

4

1. Le prof d'histoire-géo m'a demandé/dit de parler un peu de Hambourg.
2. J'ai demandé à la prof de maths de m'expliquer le mot «dénominateur». Elle m'a dit d'apprendre le vocabulaire des mathématiques.
3. Le surveillant nous a dit d'arrêter de jouer.
4. Dylan m'a demandé de faire ses devoirs. Cyril lui a dit de me laisser tranquille.

- Schau dir den Abschnitt 2 der *Repères* auf S. 55 noch einmal an.
- Löse noch einmal die Übungen im Schülerbuch, S. 49/3.
- Löse dann die Förderübungen im Beiheft, S. 9/4.

5

1. Allez-y! Je vous **rejoins** dans une minute!
2. Le coca est un peu chaud, mais nous ne **nous plaignons** pas, cela pourrait être pire!
3. Aujourd'hui activité surf avec notre moniteur. Les sportifs **rejoignent** Daniel à 11 heures sur la plage.
4. Nous n'étions pas contentes, alors nous **nous sommes plaintes** et maintenant, c'est beaucoup mieux!

- Schlage die Konjugation der Verben *rejoindre* und *se plaindre* auf der Seite 142 nach. Sieh dir auch die Konjugation der reflexiven Verben auf S. 143 an.
- Lerne die Konjugation auswendig.
- Löse anschließend die Förderübung im Beiheft, S. 10/5.

Unité 3 (Fais le point, S. 48–49)

1 a 1. Le Sénégal compte environ 12,5 millions d'habitants. 2. Dakar, la capitale, se trouve dans l'ouest du pays. 3. La Médina est l'un des quartiers les plus peuplés de Dakar. 4. La langue officielle est le français. 5. Environ 60 % de la population ont moins de 20 ans. 6. Le fleuve Sénégal est le fleuve le plus important du pays. 7. Le Sénégal produit des arachides, du coton et du riz.

▶ Wenn du Probleme hattest, diese Aufgabe zu lösen, übe regelmäßig mit der Rubrik *Qu'est-ce qu'on dit?* in den *Repères* (S. 78). Hast du Probleme mit der Rechtschreibung, dann schreibe die Sätze auf.
▶ Wiederhole auch die Texte der *Unités* regelmäßig.
▶ Löse dann die Förderübung im Beiheft, S. 11/1.

b 1. L'actrice est née en 1983 au Maroc. 2. Elle a fait ses études à Paris. 3. Elle est devenue une star au Maghreb. 4. Elle a joué dans «Marock», un film sur la jeunesse dorée marocaine. 5. Elle se bat pour la liberté de penser et contre la censure.

2 Le riz, la mangue / les mangues, la datte / les dattes et la banane / les bananes viennent d'Asie. Le coton vient d'Amérique et d'Asie. L'arachide / Les arachides, la tomate / les tomates, le cacao et l'ananas / les ananas viennent d'Amérique. Le café vient d'Afrique.

Wenn du noch Schwierigkeiten hattest:
▶ Übe die Vokabeln und ihre Artikel mit Hilfe der Wortliste auf S. 162–169, indem du immer eine rechte Spalte abdeckst.
▶ Löse dann die Förderübungen im Beiheft, S. 12/2.

3 a

1. j'**avais hésité**	7. je **m'étais installé(e)**
2. tu **avais fini**	8. tu **avais voulu**
3. il/elle/on **avait ouvert**	9. il/elle/on **avait été**
4. nous **avions compris**	10. nous **avions eu**
5. vous **aviez attendu**	11. vous **vous étiez imposé(e)s**
6. ils/elles **étaient parti(e)s**	12. ils/elles **étaient revenu(e)s**

▶ Schau dir den Abschnitt 1 der *Repères* auf S. 78 noch einmal an.
▶ Löse dann die Förderübungen im Beiheft, S. 13/3.

b 1. Nous **sommes sorti(e)s** nous balader parce qu'il **avait arrêté** de pleuvoir. 2. Quand les garçons **sont arrivés** au stade, le match **avait commencé** depuis vingt minutes! 3. J'**ai dû attendre** vingt minutes parce que le bus de 8 heures **était déjà passé**.

4 1. Il nous a raconté que ce parc existait depuis 1971 et que plus de 400 espèces d'oiseaux différents y vivaient. 2. Il nous a expliqué que comme il se trouvait à côté du fleuve Sénégal, c'était un des endroits les plus verts du Sahel et que c'était donc idéal pour les oiseaux. 3. Il nous a dit que chaque année, plus de trois millions d'oiseaux européens venaient passer l'hiver dans ce parc. 4. Il nous a raconté que l'an dernier, ils avaient accueilli deux millions de visiteurs qui s'intéressaient aux oiseaux. 5. Il nous a expliqué que pendant la visite, nous découvririons une nature merveilleuse. 6. Et il nous a dit que nous pourrions voir des singes, des crocodiles et d'autres animaux.

▶ Wenn du etwas wiedergibst, was jemand gesagt hat, verwendest du die indirekte Rede in der Vergangenheit. Finde zuerst heraus, in welcher Zeitform etwas gesagt wurde. Überlege dann, ob die Zeitform des Verbs geändert werden muss:

présent	→ *imparfait*
passé composé	→ *plus-que-parfait*
imparfait	→ *imparfait*
plus-que-parfait	→ *plus-que-parfait*
futur simple	→ *conditionnel présent*
conditionnel présent	→ *conditionnel présent*

▶ Löse dann die Förderübungen im Beiheft, S. 14/4.

5 1. Chez nous, c'est comme ça qu'on **accueille** les étrangers. 2. Quoi?! Tu **as jeté** ma belle chemise bleue? C'était ma chemise préférée! 3. Il y a des gens qui exagèrent: ils **jettent** tout dans la nature! 4. Les gens du village **ont accueilli** les touristes avec des danses. C'était très sympa! 5. Autrefois, on **jetait** un tas d'affaires sans réfléchir, mais les choses ont changé. 6. On vous **accueillerait** bien chez nous, mais on n'a pas la place.

▶ Schlage die Konjugation der Verben *jeter* und *accueillir* auf den Seiten 138 und 140 nach.
▶ Lerne die Konjugation auswendig.
▶ Löse anschließend die Förderübung im Beiheft, S. 15/5.

Glossaire | Glossar – Übungsanweisungen

À l'aide de …	Mit Hilfe der …
Coche les bonnes phrases / la bonne case / la bonne réponse.	Kreuze die richtigen Sätze / das richtige Kästchen / die richtige Antwort an.
Compare avec ta solution / les statistiques.	Vergleiche mit deinen Ergebnissen / der Statistik.
Complète (les dialogues / la grille / le poème / ___).	Ergänze (die Dialoge / das Gitter / das Gedicht / ___).
Complète (par ___).	Ergänze (mit ___ / durch ___).
Décris le dessin / la photo.	Beschreibe das Bild / das Foto.
Écris (au moins …).	Schreibe (mindestens …).
Entoure les bonnes fins de phrases.	Kreise die richtigen Satzendungen ein.
Explique (le malentendu / ton choix).	Erkläre (das Missverständnis / deine Wahl).
Exprime autrement les parties soulignées.	Drücke die unterstrichenen Wörter anders aus.
Fais une liste / un tableau.	Erstelle eine Liste / eine Tabelle.
Fais le jeu de dialogues.	Spiele das Rollenspiel.
Imagine …	Denk dir … aus. / Stell dir vor.
Indique la ligne.	Gib die Zeilenzahl an.
Justifie (ta réponse / ton opinion).	Begründe (deine Antwort / deine Meinung).
Mets-toi à sa place.	Versetze dich in seine/ihre Lage.
Note au moins …	Schreibe mindestens …
Note (le bon numéro / la ligne / ___).	Notiere (die richtige Nummer / die Zeile / ___).
Recopie le tableau dans ton cahier.	Schreibe die Tabelle in dein Heft.
Relie (chaque verbe à son complément / ___).	Verbinde (jedes Verb mit seiner Ergänzung / ___).
Relis le(s) texte(s) / la lettre / les paroles.	Lies den (die) Text(e) / den Brief / den Liedtext noch einmal.
Retrouve (ce qu'elle/il lui dit).	Finde (was sie/er ihm/ihr sagt).
Souligne (les adverbes / la condition / ___).	Unterstreiche (die Adverbien / die Bedingung / ___).
Surligne les déclencheurs.	Markiere die Auslöser.
Trouve (… qui correspondent / un titre / les expressions / ___).	Finde (… die entsprechen / eine Überschrift / die Ausdrücke / ___).
Utilise (les mots-clés / les diagrammes / les temps qui conviennent / ___).	Verwende (die Schlüsselwörter / die Diagramme / die passende Zeitform / ___).
Utilise le texte de (a) comme modèle.	Nutze den Text aus Aufgabe (a) als Modell.
Vrai ou faux?	Richtig oder falsch?

Solutions, p. 68/6

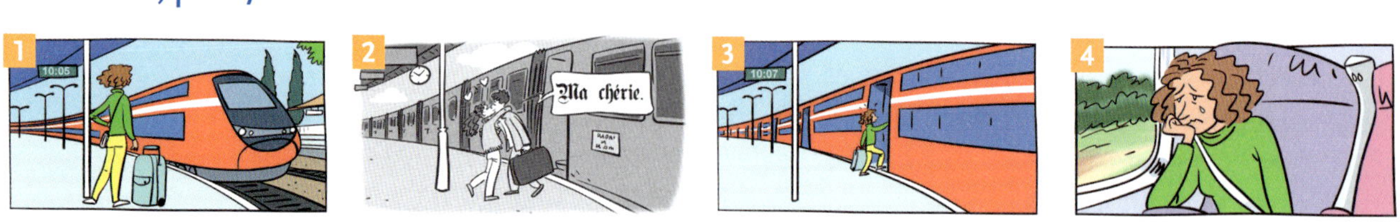